私とパーソンセンタード・アプローチ

編著＝飯長喜一郎・園田雅代
著＝伊藤研一・大澤美枝子・岡村達也・小野京子・小林孝雄・坂中正義・中田行重・堀尾直美・三國牧子・無藤清子・村山正治・本山智敬・吉原啓

新曜社

まえがき

パーソンセンタード・アプローチ（Person-Centered Approach：以下ＰＣＡ）は、心理療法やカウンセリングの主要な立場のひとつとして、また、対人援助活動や社会的支援活動の基本的な姿勢として、広く知られ実践されています。

本書『私とパーソンセンタード・アプローチ』は、ＰＣＡおよびその近接領域で実践している一五人の執筆者が、一人ひとりＰＣＡとどのように取り組んできたかを集成したものです。彼ら／彼女らがいかにしてＰＣＡに触れ、その世界に進み、どのように関心をもち試行錯誤や葛藤を経て、現在どのような心境にありまたどのような到達点に至ったか。そういったことを、各執筆者の文体と口調で表現したものです。

後に私の分担箇所で述べるように、私はＰＣＡの現状と未来に危機感を覚えていました。六〇歳の時に、ＰＣＡを再興するひとつの方法として、日本心理臨床学会の年次大会でＰＣＡに関する「自主シンポジウム」を開こうと思うに至りました。幸いに多くの方々のご賛同とご協力を得て、回を重ねてきました。最初は、この時代にＰＣＡ関連の企画に対していったいどれほどの人が関心をもってくれるのだろうかと、仲間と心配していました。しかし、いざふたを開けてみると三〇人強の方々が参加してくださいました。その後、年によって企画の趣旨が多少変わり、それに伴って三〇人～一〇〇人という参加者数の変動がありましたが、毎年のごとく仲間やゲストを招いて開催することができ、発題者・指定討論者それぞれに、個人としてＰＣＡについて思うところを語っていただきました。

本書の企画はその延長上にあります。つまり、「私とＰＣＡ」について、個人的な思いや軌跡、それぞれにおける心理臨床的発展といった観点から、自由に書いていただこうと思ったわけです。ＰＣＡの心髄はその広汎性もさることながら、一方で個人性・個別性にあると思うからです。

ＰＣＡのカヴァーする範囲は広大で、その全体を視野に入れるのは至難の業です。本書では心理療法およびその近縁の活動に限っています。

執筆者の方々はそれぞれの個人的な思いと軌跡を書いておられます。個人療法、エンカウンター・グループ（以下ＥＧ）、フォーカシング、オープンダイアローグ、ナラティヴ・プラクティスなどなど。視座もさまざまです。過去、現在、未来。時間的にも広がっています。これらも執筆者の関心の多様性の表れであろうかと思います。

ＰＣＡは、理念は明確であり大方からは支持されていても、心理臨床領域で実践するとなるとハードルは予想に反して高いものです。認知行動療法はもちろんのこと、精神力動的心理療法にもそれなりのマニュアル（手順）は存在します。むろんマニュアル通りに進めれば心理療法が可能になるわけではなく、クライエント個々人、そしてそのプロセスに応じて幾多の工夫を重ねなければならないでしょう。しかし、曲がりなりにもマニュアルは存在します。

一方、ＰＣＡには、フォーカシングとプリセラピー（Pre-Therapy）を除いて、まずマニュアルは存在しません。大学院や臨床現場で「どうしたら良いのですか？」と問われることが多いのもそのためでしょう。いくら「ＰＣＡはハウツーではない、姿勢だ、ありようだ！」と言っても、それだけで訓練生や初心者を納得させることはできません。また「ＥＧが訓練には必須だ」と言っても、ではどれくらいどんなＥＧを経験すれば何がどう成長するのか、本当に力量のある心理臨床家になれるのか。この問いに答えるのは困難です。ＰＣＡでは一人ひとりが、理論的学習に加えて、個人の人生における経験学習や臨床的実践を通じて学んでいくしかないという面をもっています。本書に目を通していただくことによって、ＰＣＡに触れた人びとが、人生の中でそれをいかに身につけていったか。あるいはそこから出立して次に進んでいったかということが読み取れることでしょう。

心理臨床の国家資格を検討しはじめて五〇年の歳月を経て、公認心理師資格が発足しました。

もしかすると、日本の心理臨床は従来以上に効率が要求されるかもしれません。極言すれば「人間機械論」的考え方が心理臨床の世界にも入り込むかもしれません。そういう時代にあって、人間を中心に据えたＰＣＡに関心がありながらもなかなか理解が深まらず、自分の立場としての実践に苦労している読者の皆さんを勇気づけることに本書が役立てれば、編者としてこれに勝る喜びはありません。そしてＰＣＡがますます力強く発展し、この国に息づいている人びとの力になるよう願っています。

最後になりましたが、お忙しいところ喜んで参加してくださった執筆者の皆様に心よりお礼を申し上げます。また、新曜社の森光佑有さんは、ＰＣＡに並々ならぬ関心を寄せて企画の段階から一緒に考えてくださり、統一の取れていない原稿群を各著者との共同作業で根気強く校正してくださいました。森光さんを抜きにして本書は到底できあがりませんでした。ありがとうございました。さらには、装画を提供してくださった安田みつえさんにお礼を申し上げて、まえがきとさせていただきます。

二〇一九年　初夏

飯長喜一郎

私とパーソンセンタード・アプローチ――目次

まえがき（飯長喜一郎）　i

飯長喜一郎
クライエント中心療法がわかるまでの私的軌跡　――　1

小林孝雄
共感、感情移入、自己投入　――　19

坂中正義
かかわる・つなぐ・ゆだねる――PCAのなす「対話」　――　37

伊藤研一
来談者中心療法から多面的アプローチ、そしてフォーカシングへ　――　57

堀尾直美
「パーソン中心」を求めて ―― 71
大澤美枝子
傾聴（リスニング）について ―― 85
吉原　啓
私なりのパーソンセンタード・カウンセリングへの道 ―― 103
三國牧子
パーソンセンタード・カウンセリングの可能性 ―― 121
小野京子
パーソンセンタード表現アートセラピーと私 ―― 135

園田雅代
日舞、パーソンセンタード・アプローチ、アサーションとの出会い ―― 149

無藤清子
セラピストのスタンスの探究からナラティヴ・プラクティスへ ―― 171

岡村達也
共感的理解によるクライアント中心療法の定式化をめぐって ―― 199

本山智敬
パーソンセンタード・アプローチとオープンダイアローグ ―― 215

中田行重
パーソンセンタード・セラピストという自覚 ―― 233

村山正治
私のパーソンセンタード・アプローチの未来像を求めて —— 249
あとがき（園田雅代） 269
執筆者紹介 276

■カバー装画＝安田みつえ

クライエント中心療法がわかるまでの私的軌跡

飯長喜一郎

パーソンセンタード・アプローチ（以下ＰＣＡ）はクライエント中心療法から発展してきた考え方や運動の総称です。私がＰＣＡ的なるものに惹かれてきたことは間違いありません。しかし、心理療法としては、古典的なクライエント中心療法から離れようと思ったことはありません。私にとってＰＣＡは後発の言葉です。自分を振り返るときは、初期のクライエント中心療法のほうがしっくりきます。ここでは私とクライエント中心療法について、その理解の軌跡を振り返り、私がいかにしてこの療法と取り組んできたかということについて語ろうと思います。ＰＣＡについては一部触れるにとどめます。

現代の心理療法においては、クライエント中心療法は主要な立場とは言えなくなってきているでしょう。もちろん心理療法の教科書には必ず「クライエント中心療法」や「パーソンセンタード療法」に一章が割かれています。そこまで独立していなくとも「人間性（ヒューマニスティック）療法」の中で、解説されていたりします。

一方、全ての心理療法における、クライエント－セラピスト関係の基礎として、この考えを位置づけるのが通常です。また、福祉、看護・医療、教育など対人援助的な活動においても広く重視されています。

しかし私個人のこだわりは、あくまでもクライエント中心療法にあります。

クライエント中心療法は、一見したところの理想主義とその原理の明快さ、および革新性と実証性ゆえに、世界の多くの人から支持されまた実践されてきた歴史があります。私がこの療法を学んだ時代は勃興期と隆盛期に跨がっています。その後の歴史をたどれば、クライエント中心療法は衰退し、認知行動療法が広汎に支持され実践されるに至っています。なぜでしょうか？　よく言われるのは「エビデンスが不十分」とか「適用範囲が不明確」ということでしょう。しかしエビデンスについても適用範囲についても、それなりに研究と議論が重ねられてきています（Cooper, 2008）。

クライエント中心療法が衰退したかに見えるもう一方の理由は、原理の単純明快さに比べての実践の難しさにあります。クライエント中心療法に共鳴し勢いよく実践を試みても、なかなか成果があがりません。心理臨床訓練生にクライエント中心療法を話すと必ず出てくる質問があります。「どうやって身につけたら良いのですか?」

本稿は私がクライエント中心療法に出会ってから、不器用ながら理論を自分なりに理解し、そこそこの実践にいたった軌跡をたどろうとするものです。それはひとえに、後に続く心理療法家がこの療法を身につけるための一助になればと願うからです。

臨床心理学以前

そもそも私は臨床心理学や心理臨床について「奥手」でした。少年時代から私の関心分野は広いと言えば聞こえが良いですが、目標が定まりませんでした。古い順に列挙すると、天文学、宇宙工学、考古学、歴史学、社会学など。そして、自分の語学力や大学での低い成績など、諸般の事情を勘案して決めた分野が心理学だったのです。

心理学の中でもフラフラと姿勢は定まりませんでした。卒業論文は社会心理学、修士論文は発達心理学でした。その後ようやく臨床心理学方面に行かざるを得なくなりました。他人事のようですが、ことの流れとごく素朴な気持ちに導かれてそういうことになりました。何とも主体性のない話ですが、本当です。

クライエント中心療法との出会い

私が大学院に進んだ頃は、日本の臨床心理学の草創期の終わりとでも言える時代でした。国立大学の心理学科にはまだ臨床心理学のかけらもありませんでした。臨床心理学の専門家は教育心理学科という所にかろうじて配置されていました。それも多くはたったひとりです。臨床心理士発足以降の人びとにとっては想像できないことかもしれません。

そういう状況では、たまたま所属した専門課程でどういうオリエンテーションの専門家に出会うかが決定的でした。もっとも、その時代の臨床心理学、特に心理（精神）療法の中では、クライエント中心療法が勃興期を迎えていました。その他には精神分析、認知行動療法以前の行動療法、大学によっては動作法などの専門家がいた程度です。そして、私の進学先には佐治守夫先生がいらっしゃいました。教育心理学科には、その他特別支援（当時は特殊）教育の先生がいらっしゃっただけです。

その佐治先生はクライエント中心療法に惹かれ、盛んに実践を積み重ねながら研究をしていらっしゃいました。ですから、当然、臨床心理学に進んだ仲間も多くはその方向へと導かれました。この言い方は正しくはありません。佐治先生は学生を引っ張っていく方ではありませんでした。どういう方向に行くかは、完全に学生に任されていました。

もう半世紀も昔の話になってしまいますが、当時は大学紛争（私たちは闘争と呼んでいました）の最中であり、大学院もご多分に漏れず教育研究機能がほぼ失われていました。そこで自主的に手探りで勉強するしかありませんでした。

いくつかの研究会がありましたが、その中にそのころ全巻完結した『ロージァズ全集』の読書会がありました。その研究会と自分個人でロジャーズらの著作を読んだ経験が、クライエント中心療法との出会いでした。

初期のクライエント中心療法の理解

ロジャーズの読書会をしたり自分で著作を読んだりする中で、私は彼の心理療法・カウンセリングに対する考えに賛同するようになっていきました。しかし、私のその時の理解は、現在「このような皮相な理解ではいけない」と言っている内容そのものでした。つまり「受容」「共感」「無条件の肯定的関心」それのみ心がければ心理療法のプロセスは進展する、ということでした。ずっと後にある後輩が「フンフン兄ちゃん、ハーハー姉ちゃん」と揶揄《やゆ》したような面接でした。その結果どうなるか。みなさんご存じの通りです。つまり、一部の幸運な面接以外の面接は進まず、成果はあがらず、中断してしまう。そういうことの連続でした。仲間の中にはスーパービジョンを受ける人もいましたが、私はそこまで踏み出すことができませんでした。そもそも、心理臨床家になるというよりも心理学の研究者になろうとしていました。そのためには臨床の力をつけなければならない、そういう二次的な動機での実践でした。その頃になっても私はどんな分野の心理学に進むか、定まっていませんでした。

佐治先生は、カンファレンスで惜しみなくご自身の面接の録音と逐語録を提供してくださいました。しかしそれを聞いている私には、その面接のすごさが皆目わかりませんでした。クライエントの言葉をただ繰り返しているようにしか聞こえないのです。そして眠くなるのでした。ところが、面接初期のクライエントと面接後期のクライエントのありようの差は、ぼんくらな私にも確かに感じ取れるのでした。明らかにクライエントは自尊心と自信を取り戻し、自分の体験に即して語るようになるのです。

ずっと後一九八五年に『治療的面接の実際：ゆう子のケース』という佐治先生の面接録音が公刊されました。その音声を聞いても、最初はたんなる反射として聞こえてきました。何回も聞き込み、吟味することによってようやくその応答の意義が理解できるようになりました。そしてその特徴は、ロジャーズの「Miss Mun」の面接（邦訳版、二〇〇七）と比較することでようやく明瞭になったのです。まあ気づくのが遅いですね。

なぜ理解が進まなかったか

なぜ理解が進まなかったか。それは「体験過程」ということがわからなかったからです。お恥ずかしい限りですが、これも本当です。

体験過程とは、私個人の理解によれば「自分の心の中で進んでいる気持ちや考えと、自分が自覚し理解している気持ちとの一致の度合い、その進展」です。

エンカウンター・グループ（以下ＥＧ）での体験についてお話ししましょう。私はＥＧが嫌いでした。怖いのです。私は表向きはそこそこソーシャルな人間です。……だったと思います。しかし、実のところ自分の中身が露見するのではないかと恐れていました。ＥＧではその恐れと向き合わなければなりませんでした。自尊心と劣等感が混ざり合って、どうにもなりませんでした。

ではなぜその嫌いなＥＧに出続けたか。ひとえに義務感からでした。「出席せねばならぬ」でした。「出たいから出る」という人が臨床心理学の業界（？）には多いことでしょう。本書に寄稿してくださっている方々の多くもそうかもしれません。でも私はそうではありませんでした。

「この業界でやっていくには、ＥＧであろうと病院実習であろうと、嫌でもやらなければならない」と考えていました。通過儀礼です。大小に関わらず経験した実習や仕事には、大方はこのように考えて向かっていきました。どの活動も経験してみればそれなりにおもしろいとも思えました。しかし「やりたいからやる」という心境からはほど遠いものでした。何とも不健康です（結果的にはこれらの経験は、後の自分を形作るのに大いに役立ったのですが）。

忘れられないエピソードがいくつもあります。以下はその一例です。学生を対象にしたあるEGにおいて、私はある男性大学院生のことが気になっていました。理系の院生で、良い感性を持っていました。しかしなぜかしっくりしないのです。その原因は今もって不明です。私の思い出とはこういうものです。休憩時間でした。私はトイレに行きました。彼もたまたまトイレに来ました。そして、並んで小用をしたのです。並びながら、「自分はなぜこの人のことが気になっているのだろう。この人に何か問題があるのかも知れないが、自分はなぜかビクビクしている。原因はわからないが、ビクビクしている自分のなんと情けないことか」――こんなことを思っていました。トイレの窓から深い空が見えたのを覚えています。

そういう言わば心の不確実性に苦しんでいた私は、そのことが露見することを恐れていました。「そういうことがわかれば、みんなはきっとあきれることだろう」「志の低さがばれてしまう」。

このあたりの矛盾は、三〇代の二回のEGにおける経験で、だいぶ解消されることになります。このエピソードは時に学生に語ることがありますが、ここでは省略します。ともあれ、自分が受け容れられるという経験をしたのです。

この経験を契機に、自分の中の矛盾が少なくなっていきました。体験過程の概念に照らしていえば、自己と経験の乖離が少なくなっていきました。

自分個人の問題としては少しずつ矛盾が薄れていきましたが、人間理解という点ではまだまだ表面的なものでした。ある思い出があります。

山の温泉場での大学生対象のＥＧです。私はファシリテーターとして参加していました。あるメンバーのことが気になっていました。休み時間に都留春夫先生に相談しました。都留先生はその学生に対する、思いもよらない見方を話してくださいました。具体的な内容は全く覚えていません。しかし、その時の私は、自分がいかに一面的にしかその学生を見ていなかったことかと、人間理解の貧弱さを思い知らされました。このような経験は挙げれば枚挙にいとまがありません。

ですから、クライエントの理解も低い水準にとどまっていました。一言で言えば表面的理解でした。（先にも書きましたが）カウンセリングは進みません。三〇代半ばに、後輩に「自分は未だに良い面接ができない」と語ったことがあります。その時その後輩は、「飯長さんがそう言ったのでは、僕たちは困ってしまう」と応えました。その言葉は忘れません。自分の責任の大きさを感じたからです。自分は正直に言ったつもりでも、聞かされた方はどう思ったでしょう。推測しきれません。ご本人に聞いてみたい気がします。ご本人は覚えていないかもしれません。こちらにとって重大な経験が、先方からは忘れられている。そういうことは往々にしてあります。

体験過程との取り組み

体験過程はクライエント中心療法の中心的な概念である、と言っても過言ではないでしょう。しかし勉強し始めて相当の間、そのように考えてはいませんでした。例の三条件を守ることが肝要だと思っていました。しかし、体験過程が理解できなければ、クライエントと自分が今生きている実感（精神的健康度と言ってもよいかもしれません）を知ることができません。見計らいができないわけですから、自分の動き方もわからないままです。もちろん自分の体験過程も理解ができていません。

ロジャーズらの著作の中には面接の進展に従って、クライエントの体験様式がどのように変化していくかが、事例と共にたくさん述べられていました。そのころは頭では理解したつもりでした。

また、その後に、私と鵜養美昭氏は、実験的カウンセリングの研究をしました（飯長、一九八〇）。これは佐治先生を代表者とする文部省（当時）の科学研究費による「カウンセリングにおけるコミュニケーションに関する心理学的研究」の一部を成すものでした。そこではカウンセリング過程の測定尺度として「治療関係スケール」（山本・越智、一九六五）を使いました。これは第三者から見たクライエントとカウンセラーの体験および両者の関係の深さを見るもので、ロジャーズらのスケールを改良したものでした。ロジャーズは「サイコセラピィの過程概念」（一九五八；邦訳ロージァズ全集第四巻所収、一九六六）その他の論文で体験過程の深化について述べています。

私と鵜養氏の二人が独立して研究協力者による面接のＶＴＲを見ながら評定したのです。もちろん、その当時は体験過程というものが一定程度にはわかっているつもりでした。そうでなければ研究ができません。しかし、振り返ってみると果たしてどこまで理解していたのでしょうか。汗顔の至りです。

長き低迷時代

そもそも私は、自分が研究者として、あるいは心理臨床家としてどこを向いているか定まらず、落ち着かないまま三〇代を終えようとしていました。そして、幸いなことに大学の助教授として職を得たため、日常の仕事に追われる毎日になりました。時代はクライエント中心療法からＰＣＡに向かっていましたが、私はクライエント中心療法のそれまでの理解のまま留まっていました。

大学や民間のカウンセリングルームで臨床活動はしていましたし、ＥＧにも参加していました。しかし、「本物になれない」との思いを抱きつつも、そこを脱しようとはしませんでした。教師の仕事とプライベートな生活、それに少しの親子関係の研究くらいが全てでした。外から見れば多少違った評価ができるかもしれませんが、私の自覚はそういうことでした。

クライエント中心療法は大学で教えていましたし、大学内外で面接をして、スーパービジョンも行っていました。依頼されてクライエント中心療法の何本かの入門的な文章も書きました。いずれも通り一遍で、私でなければ書けないものではありませんでした。

四〇代は瞬く間に過ぎ去りました。

その間、ひとつだけ比較的大きな変化がありました。それはEGに参加しなくなったことです。それには理由が二つあります。

ひとつには、EGというものの実験性、非日常性に疑問を感じたことです。PCAに接することによって私にわき上がった考えは、日常の生活、日常の人間関係を「人間中心的」に生きよう、というものでした。家族、同僚、学生などとの関係をより相補的に生きようと考えました。EGはあくまでも設定された狭い空間、短い時間での関係です。EGから離れて普段の人間関係の質を上げようと思ったのです。そう心がけましたが、さて、実際にできたかどうかは判断しきれません。ただ、対人関係上の不安は少なくなりました。先には書きませんでしたが、二〇代の研究として「自己開示」に関するものがあります。それも自分の「知られること」という個人的課題が動機になっていました（この研究課題は、三〇代の終わりにワイナー〔Weiner, M. F.〕の「人間としての心理治療者：自己開示の適用と禁忌」を訳したことで、一応の区切りがつきました）。

ＥＧから離れた理由のもうひとつは、ファシリテーターとしての自分に決別しようと思ったことです。そのころ私は、クライエント中心療法、そしてＰＣＡが自分の中心的立場になりつつありましたが、未だに理解と力が足りませんでした。考えが自分の身についていると感じられませんでした。そのためファシリテーターとして十分な働きができませんでした。そういう自分にいったん見切りをつけたのです。

病気と再学習

外見的には臨床心理学者として一人前になっていたかもしれませんが、主観的には異なりました。日々自分の至らなさを感じていました。依然、「本物でない」という想いに苦しんでいました。

その中で私は病を得ました。腎臓をこわし五二歳で人工透析に入りました。家族や職場、多くの人びとに心配と迷惑をかけました。この人工透析は八年続くことになりますが、その中で次のようなことを考えるようになりました。

「時代はクライエント中心療法から認知行動療法へと移りつつある。このまま行くと、クライエント中心療法・PCAを第一世代から受け継いだ者のひとりとして、何の貢献もできないまま終わってしまう。病気をしたからといって、それを言い訳にしたままで良いのか。」

そこで遅い再学習に取りかかりました。自分の不十分さにガマンができなくなった、とも言えるでしょう。幸い、良い機会に恵まれました。第一に村山正治先生の合宿研究会にお声をかけていただいたことです。それはウィルキンス（Wilkins, P.）の *person-centred therapy in focus* という本を題材にして、PCAについてディスカッションするという内容でした。PCAについては実践の難しさや適応範囲、限界などについて種々考えていたので、たいへん勉強になりました。この本については、二〇〇八年に、ある雑誌の書籍紹介欄に取り上げさせていただく機会を得ました。

第二の再学習の機会は、二〇〇五年に来日したメアンズ（Mearns, D.）の大阪と東京での講演会に参加できたことでした。メアンズはその後も来日し、それにも参加しました。さらには二〇〇九年にはメアンズの後任であるクーパー（Cooper, M.）も来日し、合宿ワークショップに参加させてもらいました。

メアンズからは著書からのものを含めて、多くのことを学びましたが、最も心に響いたのは relational depth とカウンセラーの presence ということです。それによって、ようやく、促進的なクライエントとカウンセラーの関係の質について得心がいったように思います。また同時に体験過程に関する理解も進みました。

一方、実存分析家のクーパーから学んだことは、後に出版した『新版　ロジャーズ　クライエント中心療法』（二〇一一年）の最終章「クライエント中心療法近縁の心理療法」を執筆するのに役立ちました。

人工透析と不幸について

私は人工透析を受けて生き永らえました。それは八年後（二〇〇六年）に臓器移植を受けるまで続きました。その間の経験から「好き好んで不幸になる人はいない」ということを学びました。何を今更とお思いでしょうが、私にとってそれまでの人間理解とはそんなものでした。

しかし、これは大きな転機になりました。クライエントやスーパーバイジーの話を聞いているときだけでなく、日常の人間関係のあり方全般に変化をもたらしたと思っています。

また、人間は生まれながらにして平等である、という自明の理について納得するのにも、この経験は影響しました。

それからの歩みとＰＣＡ

移植を受けた後、体は健康体に近くなりました。そこで私はそれまでの不活動を取り戻すように三つの目標を立てました。これらが自分の力で実現可能な活動と思われました。

一　クライエント中心療法・ＰＣＡの公開講座を開くこと。

二　三〇年近く改訂されずにいた『ロジャーズ　クライエント中心療法』を改訂すること。

三　学会でクライエント中心療法・ＰＣＡのシンポジウムを開くこと。

これらは、移植後一三年近く経った現在、幸いにも多くの方々のご協力をいただいて、何とか実現してきています。

また、クライエント中心療法・ＰＣＡについて大学以外でもお話しさせていただく機会が増えました。思えば移植した翌年、ある大学のＯＢ・ＯＧの研究会から四回の連続講座を依頼されたのが、現在の私の語りのきっかけです。縷々《るる》述べてきたように、それまで私のクライエント中心療法・ＰＣＡに対する姿勢は定まっていませんでした。理解もはなはだ浅いものでした。そんな私が専門家集団に何回も話すのですから、プレッシャーがかかりました。その時点で、それまでの通り一遍の話から次の段階の話に進むために呻吟《しんぎん》しました。

結果が参加者の期待に添えたかどうか、あまり自信はありません。しかし、それまで語らなかったいくつかの話を織り交ぜることができたようには思いました。

そして今、またマンネリになりかけている兆しを感じています。自分のある時代の耐用年数は約一〇年だと思って来ました。どうも次の変化の時期が来ているのかなと感じています。

ＰＣＡについては、やはりこの一〇年ほど続けている、保育者向けの「保育」講座、心理臨床家向けの「保育カウンセリング」講座あるいは「ＰＣＡ」と題した話の中で、保育、医療、社会福祉などにおけるＰＣＡ的なるものについて触れるようにしています。しかし、やはり私の関心の中心はクライエント中心療法に向けられているようです。

●文　献

Cooper, M. (2008) *Essential research findings in counselling and psychotherapy: The facts are friendly*. Sage.［クーパー・M／清水幹夫・末武康弘（監訳）（二〇一二）『エビデンスにもとづくカウンセリング効果の研究：クライアントにとって何が最も役に立つのか』岩崎学術出版社］

飯長喜一郎（一九八〇）実験的カウンセリングにおける体験目録と治療関係スケール『東京大学教育学部教育相談室紀要』三集、一二七〜一三五頁

飯長喜一郎（二〇〇八）読む　臨床家のためのこの一冊 Paul Wilkins 著 *Person-centred therapy in focus*『臨床心理学』八巻、

三〇三〜三〇七頁　金剛出版
Rogers, C. R.（1955）*Carl Rogers interview with Miss Mun.*［ロジャーズ・C・R／畠瀬稔（監訳）（二〇〇七）『ロジャーズのカウンセリング（個人セラピー）の実際』コスモス・ライブラリー］
Rogers, C. R.（1958）*A process of psychotherapy.*［ロジャーズ・C・R／伊東博（編訳）（一九六六）『サイコセラピィの過程（ロージァズ全集四巻）』岩崎学術出版社］
Rogers, C. R.（1980）*A way of being.* Houghton Mifflin.［ロジャーズ・C・R／畠瀬直子（監訳）（一九八四）『人間尊重の心理学：わが人生と思想を語る』創元社］
佐治守夫（一九八五）『治療的面接の実際：ゆう子のケース』日本・精神技術研究所
佐治守夫・飯長喜一郎（編）（二〇一一）『新版　ロジャーズ　クライエント中心療法：カウンセリングの核心を学ぶ』有斐閣
Weiner, M. F.（1978）*Therapist disclosure: The use of self in psychotherapy.* Butterworths.［ワイナー・M・F／飯長喜一郎（訳）（一九八三）『人間としての心理治療者：自己開示の適用と禁忌』有斐閣］
山本和郎・越智浩二郎（一九六五）治療関係スケールの再構成とその検討『臨床心理』四巻四号、一〜一二五頁

共感、感情移入、自己投入

小林孝雄

私は、なぜか「empathic understanding」にずっと関心を抱き続けてきた。「あたかも、かのように」(as if) とはどういうことか、「私的な世界」(parivate world) は理解不可能ではないか、「現象学」(phenomenlogy)、「知覚」(percieve) という用語をロジャーズが使い続けるのはなぜか、などが今も探究したいテーマである。

ロジャーズが、「セラピーに不可欠と思われる」(Rogers, 1957) とまで述べているそのセラピストの体験は、実践しようとしてみるとたいへん難しく、果たして自分のどの体験がロジャーズが述べている体験なのかどうかもよくわからないと思うことが多かった。しかしながら、「これがempathic understandingなのではないか」と思える瞬間も実践のなかで経験することもあった。もちろん、それがロジャーズのいう体験なのか確かめることはできない。

私は、佐治守夫先生（一九二四〜一九九六）と直接お会いする機会はなかった。しかし、佐治先生の残した映像や録音から、empathic understanding の手がかりを多く得たと思っている。また、佐治先生の近くにいた多くの先生方と幸運にも接する機会を持つことができ、佐治先生が目指したであろう「ありよう」（being）や、その先生方の「ありよう」を直に体験することができた。

この章では empathic understanding に関して、自分がどのようにパーソンセンタード・アプローチ（以下ＰＣＡ）を教わり、まだ全く途上ではあるもののＰＣＡがどのように自分のものとなってきたのかを、個人的な体験をたどりながら、整理してみたい。

大学院生時代

学部では認知心理学や実験心理学を学び、その後社会人を経たあと臨床心理学も教育している学部に編入した。修士課程に進んだ頃は、ロジャーズやＰＣＡは、自分の中ではあくまでいくつかの主要なアプローチのひとつという位置づけだった。臨床心理学の授業やケース・カンファレンスで、まず、自分が学部で学んできた自然科学的心理学との結びつかなさに困惑した。交わされているディスカッションは、とても思弁的、主観的で、追試や再現性を重んじる自然科学的心理学の枠組みからは、どう理解していいのかわからなかった。自然科学的心理学、特に自分が学部で親しんだ情報処理的人間観と比較的なじみがよかったのは、認知療法と精神分析の考え方だった。原因と結果という枠組み、人間の心の構造や機能を想定しその心においてどういうプロセスが生じているかを考える、という考え方は、大枠では重なるように思え、はじめはそれらを学ぼうと考えていた。

ちょうどその頃、佐治・岡村・保坂著『カウンセリングを学ぶ』（一九九六）が出版された直後であり、授業でテキストとして指定され、読んだ。また、どういう経緯で購入したのか覚えていないのだが、佐治・飯長編著『ロジャーズ　クライエント中心療法』（一九八三）を読んだ。いずれも、その語り口が、自分がなじんできた心理学や、学部で学んできた哲学などの人文科学に通じるものを感じ、ロジャーズやクライエント中心療法が、関心の対象として認知療法と精神分析に加わった。

自分の場合、学部時代に教育を受けた自然科学的心理学は学問的な考え方としてすっかりなじんでいた。また、教養課程などで学んださまざまな人文科学によって、思想的伝統への興味関心が根づき、学問的な歴史的背景や系譜の中で見る考え方もなじんでいた。これが何かを学ぶ際の自分の土台となっていた。この土台になじむものを自分は学びたいと思った。クライエント中心療法が心理学の考え方になじみ、精神分析が歴史的系譜を視野に入れる見方になじんだ。認知療法はやや限定的に思えてきた。

精神分析の理論は、学んだことがすぐに使える気がした。カンファレンスで質問やコメントがとにかくできるようになり、何かが見えている気になれた。同期に、小谷英文先生（元ＩＣＵ教授）のゼミ出身者である橋本和典氏がいて、彼の誘いで小谷先生の授業を聴講したり研究所のセミナーに参加するようになった。ご専門の集団精神療法に関する内容も刺激的であったが、小谷先生から聞くロジャーズや佐治先生の話は貴重であった。

また、日本・精神技術研究所心理臨床センター（以下日精研）でアルバイトをする機会を得た。最初の仕事は宿泊研修会のお手伝いで、都留春夫先生のエンカウンター・グループの担当となった。打ち合わせの場でも、大学院生の私に対して、たいへんに丁寧な紳士的態度で接していただいた姿が記憶に残る。また、八巻甲一氏の一般の人向けのセミナーのアシスタントを担当した。八巻氏は、参加者から「こういうときはどうしたらいいのですか」という類の質問を受けた際、丁寧にその質問を聞きはするのだが、「こうする、こうしない」とはいっさい答えなかった。質問者が答えを得られずにいらいらしてくる様子が見てわかるのだが、それでも決して「答え」は与えなかった。その徹底ぶりが印象に残った。

日精研では、受付と事務一般の仕事をさせていただいた。クライエントからの問い合わせや予定の変更の電話連絡、カウンセラーの先生方への取り次ぎの電話連絡、来所された際のご案内や料金の受け取りなどの受付業務と、文書の整理などの事務仕事であった。このとき、辻あづさ氏に仕事を教えていただいた。辻氏には、電話連絡のやりとりを聞いていてもらい、電話の後「こう言ったのはどうしてか？」「そう言ったことが相手にどういう影響を与えると思うか？」など、さながらスーパービジョンのような指導をしてもらい、クライエントに会うときに考えておくべきことや、基本的な姿勢・態度といった、カウンセリングでの土台になる部分をしっかりとつくっていただいた。

また、当時日精研でカウンセリングを担当していた先生方が、見送りの際にクライエントに接する様子を間近で見ることができ、時にはケースに関するご自身のお考えなどを聞かせていただくことができ、とにかくその丁寧さに圧倒された。

さて、大学院外でのそのような経験の一方で、大学院で試行カウンセリングや付属相談機関でのケース担当も行っていた。学びはじめの頃は、カウンセリングは、とにかく相手の話をよく聴いて理解し、理解したことを伝え返すことだと思って、そうしようとしていた。試行カウンセリングで、ペアを組んだ他大学院生から、五回ある試行カウンセリングの四回目だったろうか、録音を止めた後に、「確かに正しく理解してもらっているのだけれど、カウンセラー（小林）が透明というか通り抜けていくような気がする」というようなことを言われた。また、大学院で担当した最初のケースでも、成人のクライエントから、同じように「通り抜けていく」というようなことを言われた。自分としては、正しく理解しようと一生懸命聞き、それを言葉にして伝え返そうと努力していた。それがカウンセリングだと思っていたし、カウンセリングでやることのうち自分ができることはそれしかないので、それを一生懸命やっているのに、うまくいかない。いったいどうしたらいいのかわからなくなった。そのケースは一年ほど続いた後に中断となった。

中断してすぐ、伊藤研一先生の授業で、フォーカシングを体験する機会を得た。フォーカシングそのものは知っていたが、経験のあるガイドのもとでフォーカシングすることは初めてであった。そのときに出てきた感じで特に強かったのは、足の感じ、特に左足の感じで、「ここ（左足）にもっと注意を向けてほしい」というもので、何か自分にとって重要なことであると心に残った。伊藤研一先生には個人スーパービジョンをお願いした。指導者という位置づけでスーパーバイザーを見るのだが、伊藤先生は、決してこちらに顔色をうかがわせないような「ありよう」であることが強く印象に残った。セラピストとしての自律性を醸成していただいた。また、クライエントに「なってみる」ようなコメントに、ハッとさせられることがとても多かった。その後、大学院で成人のケースを担当した際、クライエントの話を理解しようと聴いていて、フォーカシング的に自分の感じに注意を向けていたときに浮かんだ「イメージ」を伝えたことが、展開につながったと思える体験をした。頭《あたま》だけで理解しようとするのではなく、感じ、からだも使って理解するという、これまでとは違った聴き方に出会えた。フォーカシングや、セラピスト・フォーカシングは現在まで、自分の実践上重要な位置づけにある。

学生相談所相談員時代

博士課程の一年が終わったときに、東京大学学生相談所に相談員として就職した。相談所での三年間、さまざまなケースを経験することになる。毎日数ケースの面接を行うことは、とても自分の力量では不可能に感じ、本当に毎日必死だった。必死にもがいているうちに、時が経った。相談所までの上り坂、ああ今日も面接がちゃんとできるだろうか、と思いながら足を運び、帰りには下り坂になるその道を、疲れ切って下った。在職中、同僚だった石橋泰先生、上田裕美先生、高野明先生、三戸（山下）親子先生、山田恵美子先生に、また受付の大柳三枝子さん、二川丈子さんに本当に支えられた。クライエントに会うとき、面接室には自分一人で入る。だからこそ、同僚をはじめ支えてもらえる人たちが貴重であることを実感した。私が在職中に退職を迎えられた大柳三枝子さんからは、これまで在職した先輩方の姿を、大柳さんなりの独自の視点からの描写でうかがうことができた。

学生相談所の企画で行われた、エンカウンター・グループ（宿泊一回、通い一回）で、岡村達也先生のコ・ファシリテーターとしてグループに入った。メンバーの話に、全身全霊で耳を傾ける（というより身体全体を傾ける）ありように、圧倒された。話の聴き方がなんとなく身についてきた気になっていた自分には、別次元の傾聴の姿を見せつけられた体験であった。

カウンセラーとして仕事を始め、日精研で「カウンセリング入門コース」（後に「傾聴訓練」）のアシスタントから講師をさせていただいた。八巻甲一氏、辻あづさ氏、高瀬義幸先生とともにグループを担当した。その講座では毎クールに一度、全体グループで佐治守夫先生の『Tさんとの面接』のビデオ（一九九二）を視聴した。はじめは、佐治先生が何をやっているのかがさっぱり理解できなかった。何度も見ているうちにある時、途中、佐治先生が「子供さん、おいくつ?」（Co四四）と尋ねるセリフで、ぱっと閃光がひらめくような体験をした。クライエントの体験しているその体験そのものを、自分の体験のように想像するためには、子どもが何歳くらいかを知らないと、その想像の世界に子どもを登場させることができない。だから年齢を尋ねたのではないか。そう思ってみると、佐治先生がやっていることがわかるように思えた。これはもっと後になって形になった表現だが、「クライエントの思いを、自分の思いであるかのように、自分の私的体験世界に生じさせようとすること」、これが、佐治先生がやろうとしていることではないかと思えた。

こうして、ロジャーズやクライエント中心療法をご自身の柱としている先生方のありように、直接・間接に接する体験を通じて、クライエント中心療法が、だんだんと自分の大きな柱となっていった。

精神分析、哲学の影響

同じ時期、小谷先生の研究所のセミナーに通うことも続けていた。精神力動論をベースにした理論から、ケース理解やセラピストの体験理解が行われていたが、徐々に違和感が大きくなっていった。これはあくまで当時の私の受け取りであることを断った上で述べてみたい。精神分析の世界では、フロイトなどの巨星たちを頂点とし、熟達しているのはとにかく先達、先輩であるように思えた。勉強、訓練することで、目指すべき状態から遠く遅れた現状の自分を、一歩でも先達に近づけることが求められていた。このことに、次第に息苦しさを感じていった。どう頑張っても、フロイトや先達・先輩に近似値的に接近していくだけで、決して到達することも乗り越えることもできない。精神分析の世界は、そのような閉じた空間のように思えてきた。クライエント中心療法が自分の中で大きくなってきた今、権威が当人の外側にあることが、違和、なじまなさとして強くなっていった。

また、社会人時代から、哲学者・永井均氏の著作を好んで読んでいた。自分が疑問に思っていたこと（そのうちの一部は子どもの頃から抱いていた疑問もあった）は、哲学的疑問であることが書かれており、「このまま考えてよい」と思える、とても貴重な著作群であった（例えば、永井、一九九五ａ；一九九五ｂ；二〇〇〇）。永井氏の著作に書かれている哲学は、この世界について当たり前と思われていることの「当たり前」を「当たり前」としてしまうのではなく、その「当たり前」の成立過程・成立事情を探究することで、本当のことを知ろうとすること、であり、魅力的に思えた。精神分析の世界は、その閉じた世界について探究や更新は続けられているにしても、「本当のこと」はすでに理論体系として構築されている。携わる者に課せられていることは、誰かが明らかにした「本当のこと」を我がものとすることである。そこには、先に学んでいる者、よく学んでいる者と、まだ至らない者との序列が生じる。「本当のこと」の理解、体得において、後進の者は先達より未熟で、また、時にクライエントも未熟の列に置かれる可能性があるように思えた。世界は未だ知り尽くされておらず、「本当のこと」に通路をつくる問いをいかに発するか、そういう哲学の発想から、精神分析の世界は質が異なるものに思えた。自分にとって、永井均氏に案内された哲学的態度は外すことができないものであって、それにそぐわないものを第一の柱とすることができなかった。もちろん、精神分析の考え方は、クライエント理解や、自らのかかわりの経緯や影響、面接で起きていることの理解とその後の展開の予想のために、仕事をする者として外せないものであると思っている。また、小谷先生とお弟子さんたちとの出会いは貴重な体験で、それ無しに今の自分はあり得なかった。しかし、これは私自身の精神分析に対する誤解がたぶんに含まれているであろうが、自分の歩みのなかでの当時の理解が、クライエント中心療法へと更に向かわせることになった。一人ひとりの体験に権威をおくロジャーズの考え方は、哲学的態度ともそぐうものであった。

研究対象としてのロジャーズ理論

学生相談所時代、修士論文をはじめ、学会誌への投稿も試みていたが、結局この間、採択に至ることができなかった。同期や先輩・後輩が、着実に信頼のおける学会誌に論文を掲載されていくなか、研究者としてキャリアをあきらめる気持ちになり、開き直って、ただただ自分のために、自分が学生相談所のケースを経験するなかで形作られつつあった「共感的理解」についての考えを、作法にとらわれず自由な形式で文章にまとめることにした。たまたまそれを、岡村達也先生に読んでいただく機会があり、研究論文として意義があるとコメントしていただけた。このことは、これが最後と何か文章を書いておこうと思って書いた自分にとって、研究を続けてもよい、といわれた体験で、たいへんに勇気づけられた。この論文は、ある雑誌の掲載に至ることができた。先の永井均氏の著作とあわせて、「このまま考えてよい」と思える貴重な体験で、自分なりのやり方で思索を続けようと気をとりなおすことができた。

クライエントをわかるということについて

初めて掲載に至った論文で自分が書こうとしたことは、empathic understanding という理解のありかたを記述、描写することであった。自分なりにこうではないか、と思えるには、さまざまなケースでの体験が影響している。記憶に強く残るケース体験を二つ述べてみたい。

「人と一緒にいるのが怖い」と訴える男子学生との面接で、「ふむふむ、人と一緒にいるのが怖いのか」と思いながら会っていた。二年以上経ったある回で、彼が電車に乗っているときの怖さについて詳しく語り、こちらも今までとは違ったやり方で詳しく聴いた。それは、自分がこうだろうと思っていた怖さとは、かなり違うものであった。私の理解は、いわゆる世間一般的なおおざっぱな理解であって、そのクライエントなりの怖さに比べて、ものすごく粗く、抽象的であった。彼の語った怖さは、今まで自分が想像もしたことがなかったような表現で描写された。二年以上も会って、わかっていなかった、ということに気づいて衝撃を受けた。

また別の、ある男子学生とのケースで、毎回毎回、苦労しながらもクライエントを理解しようと自分なりには努力していた。二年以上会ったある回、面接を終えて自分の事務机に座ると、窓の外、雨の中を傘もささずに小走りで屋外の階段を上がるクライエントの姿が目に入った。うつむきがちに、ひたむきに、ひとり、雨にぬれながら階段を上がるその姿に、なんともいえない気持ちにおそわれた。彼が、悩み、周りとの関係に苦労しながら、うまくいかなさを抱えながら一時も彼であることを止めることなく生きている様子、などと今は描写できるのだが、とにかく、その姿に、彼の生き様が凝縮されて目に飛び込んできて、心にぶつかった。何もわかっていなかった、とそのとき思えた。

学生相談所で、クライエントを理解しようと苦心して会っているつもりが、面接を重ねて、自分が「わかっていなかった」ということにたどり着くということが、少なからずあった。特に、二年以上会ったケースでそのことに気づくことが多かったように思う。

カウンセリングの仕事で到来した不思議な感じ

先に述べたように、「クライエントの思いを、自分の思いであるかのように、自分の私的体験世界に生じさせようとすること」、これが、佐治先生がやろうとしていることではないか、そしてこれがロジャーズが言わんとした empathic understanding ではないかと思え、多くのケースでそのことを目指した。学生相談所で三年目になった頃、不思議な感じにとらわれることが出てきた。「この目の前のクライエントを、自分は理解している気になっている、いや理解どころか、こういう人がいる、存在している、という気になっているが、それは、自分が勝手に形作っている幻《まぼろし》みたいなものではないのか」という感じである。もちろん、目の前の人がちゃんといることはわかっている（独我論者は、非独我論者になかなか理解されない）。ふっと、そういう感じが到来するようになった。

これに関連して、佐治先生の『Tさんとの面接』の逐語記録を、何度も一人で音読してシナリオ・ロールプレイしたり、「学校で友人と交際を持たない中学生」（佐治、一九六六）の逐語記録を検討しているうちに、佐治先生が、クライエントを指し示すときに、「あなた」と使わず、「自分」「こっち」という言葉を使うことが気になってきた。佐治先生が、クライエントについて理解したことを応答するときは、そのセリフはそのままクライエントが発しても通用する言い回しであった。この気づきもあって、先の、「クライエントの思いを、自分の思いであるかのように、自分の私的体験世界に生じさせようとすること」という表現にまとまっていったのであるが、そうしようとしていると、クライエントというひとは、私の私的な世界の登場人物として私が形作っているのであって、私の形作りの作用を離れてクライエントという他人が存在しているという感じがうすらぐようにも思えてきた。

また佐治先生は、記録のなかで、突然佐治守夫の姿もはっきりと出す。『Tさんとの面接』では、ひとりになりたくなると語るTさんに、グループに参加したあとなどに自分もそういうことがある、と佐治先生自身の体験を語る。このことで、クライエントは、あたかも自分（クライエント）のように、自分の思いを思おうとしている目の前の人が、しかしながら同時に確固たる佐治守夫という他人でもあることを印象づけられている。このことがクライエント中心療法にとってきわめて重要なことなのだと思う。

さきほど、クライエントは自分が勝手に形作っている幻《まぼろし》みたいなものではないのか、という感じを述べた。考えてみれば、結局そうではないか。その幻が、相手からいかに自身の自己らしく感じられるか。そして、その描かれている幻をつかって、自己が変容する機会が与えられるのではないか。メアンズ（Mearns, D.）がいう「自己の合同形象」（configurations of self）は、本来ひとつしかないはずの自己であるのに、他者が形作った幻としての自己を提供されることで、揺らぎ、変容するのではないか。

ロジャーズは一時、「alter ego」という語を用いた（Rogers, 1951）。フッサール現象学でいう用語の意味とは違うことに気づき、その後使用しなくなったのではないかと想像するその語は、自己が変容するためには、世界の知覚が変化するためには、もう一つの自己が必要あるいは有効と考えたからこそ用いたのではないか。もう一つの自己は、自分自身では作り出せない。「共感的理解応答プロセス」（empathic understanding response process）（Brodley, 1977）を続けた他者が、他者の現象の場に生み出しうる「alter ego」によってのみ提供されうる。そしてそれが生み出しうる、生み出されているということが、クライエントの「自己共感」（self-empathy）（Barertt-Lennard, 1997）を通じての自己一致を可能にするのではないか。

自己一致、プレゼンス、自己投入

ウィスコンシン・プロジェクト以降、ロジャーズは、自己一致、プレゼンス（presence）を重視していくことになる。匿名的、超越論的な alter ego ではなく、目の前の他者が形成した alter ego もしくは alter ego を形成しようとしている目の前の他者が、必要なのだ。これが、ジェンドリンとは異なる、ロジャーズの主張なのだと思う。

さて、empathic understanding ないし being empathic を続けると、「変性意識状態」が到来し、何をしても癒しになることがあるという（Rogers, 1986）。これは、他者であるセラピストの私に、クライエントの私が実現し、クライエントの私の要請を、セラピストが代わりに実現する可能性が生まれていることを言っているのではないか。ボザース（Bozarth, J.）がいう「独特な共感」（idiosyncratic empathy）もこれに近い（少し手前の）現象ではないか。

晩年のロジャーズが垣間見たこと、empathic understanding ないし being empathic の行き着く先は、根源的、哲学的な意味での、私と他者の成立事情のその時なのではないか。だからこそ、自己が変容しうるのではないか。empathic understanding が、独我論に接続しうる、トランスパーソナル心理学と接続しうるのは、この通路を通ってのことなのだと思う。哲学者・木田元は、empathy のもとになったドイツ語である Einfühlung の日本語訳「感情移入」について、フッサールの他我構成の解明におけるこの語の訳としては「自己投入」が適切ではないかと述べている（木田、一九七〇、六八頁）。つまり、empathic understanding は「自己投入的理解」となる。さらに、ここまで述べてきたことを表現に込めるならば、「自己投入による相手の自己の形成の試み」とでもいえるのではないだろうか。

おわりに

個人的な経緯をたどりながら、さまざまな方々の「ありよう」に触れる貴重な機会が多くあったこと、また、私自身のありかたをそれでよいと認めてもらえる体験に支えられてきたこと、に気づくことができた。これからロジャーズ理論やＰＣＡとかかわっていこうとする若い人に、何か参考になることがあれば幸いである。

●文　献

Barrett-Lennard, G. T.（1997）The recovery of empathy : Towards others and self. In A. C. Bohart & L. S. Greenberg（eds.）*Empathy reconsidered: New directions in psychotherapy.* APA. pp. 103–121.

Brodley, B. T.（1977）The empathic understanding response process. In A. M. Kathryn et al.（eds.）Practicing client-centered therapy : *Selected writings of Barbara Temaner Brodley.* PCCS Books. pp. 173–179.

木田元（一九七〇）『現象学』岩波新書

永井均（一九九五ａ）『ウィトゲンシュタイン入門』ちくま新書

永井均（一九九五ｂ）『翔太と猫のインサイトの夏休み：哲学的諸問題へのいざない』ナカニシヤ出版

永井均（二〇〇〇）『マンガは哲学する』講談社

Rogers, C. R.（1951）*Client-centered therapy: Its current practice, implications, and theory.* Houghton Mifflin.［ロジャーズ・

C・R／保坂亨・諸富祥彦・末武康弘（訳）（二〇〇五）『クライアント中心療法』岩崎学術出版社〕

Rogers, C. R.（1957）The necessary and sufficient conditions of therapeutic personality change. *Journal of Consulting Psychology, 21*, 95-103.〔ロジャーズ・C・R／伊東博・村山正治（監訳）（二〇〇一）『ロジャーズ選集：カウンセラーなら一度は読んでおきたい厳選三三論文（上）』誠信書房に所収〕

Rogers, C.（1986）Rogers, Kohut, and Erickson: A personal perspective on some similarities and differences. *Person-Centred Review, 1*.〔ゼイク・J・K／成瀬悟策（監訳）（一九八九～一九九〇）『二一世紀の心理療法』第一二章　誠信書房〕

佐治守夫（一九六六）『カウンセリング入門』国土新書

佐治守夫（面接・解説）（一九九二）『治療的面接の実際：Tさんとの面接（DVDと逐語記録）』日本・精神技術研究所

佐治守夫・飯長喜一郎（編）（一九八三）『ロジャーズ　クライエント中心療法』有斐閣

佐治守夫・岡村達也・保坂亨（一九九六）『カウンセリングを学ぶ：理論・体験・実習』東京大学出版会

かかわる・つなぐ・ゆだねる――ＰＣＡのなす「対話」

坂中正義

「（人ごとではない）人間のわたし」

これは相田みつをの詩の中で繰り返し出てくるテーマです。この言葉を見るたび、「いったことを我が身に問い直すこと」を考えます。

本稿では、ロジャーズの「私を語る」を意識しつつ、坂中編（二〇一七）の序章で述べた「理論や実践とその人の歩みは不可分であること」や、同書第六章で提示した自身との対話によって自身の可能性が拡がるプロセスについて、我が身を振り返ってみようと思います。

ここのところ、自身の関心が実践家養成に向いていることも、心理臨床家・教育者としての自身のこれまでのプロセス、自身の人生の軌道に関心が向いていることと不可分ではないでしょう。「研究テーマは自身の発達課題と不可分である」。このことは学生に常に伝えていることですが、まさに「人ごとではない人間のわたし」です。

私がなぜ、パーソンセンタード・アプローチ（以下ＰＣＡ）にこだわるのか、私にとっての意味を問い直し、そこから見えてきたものを確認することは、心理臨床家にとっての理論の意味、学ぶプロセスの一つの例示となります。私にとってのＰＣＡの意味を述べることは、それぞれにとってのＰＣＡの意味を振り返ることを促しますし、それはＰＣＡにとどまらず、各人にとっての理論の意味を振り返ることになると思います。そんなことをこの場で試みたいと思います。

ＰＣＡとの出会い

私にとってのＰＣＡとのファーストコンタクトは高校時代、教育相談に熱心に取り組まれていた恩師によります。その後、大学の授業や書籍などでも学ぶのですが、本来的な意味での出会いは、学部時代の以下のエピソードでしょう。これはその後の私のありようを示唆する象徴的なエピソードだと思っています。

入学して間もない頃、知り合いもいないクラスの中で、自分を周りにあわせすぎてしまい、自分を失ってしまうという体験をした。うつ状態、不眠、離人感を訴え、相談室へ来談した。一週間に一回のペースの面接で、投薬とカウンセリングを受けていた。当時は二時間かけて電車通学していたが、ホームで電車を待っている時、何度か「死んでしまえば楽になるんじゃないか」と思うことがあった。（中略）

この苦しかった時期に、ある先生に話を聴いてもらう体験があった。その先生は、私の話をただひたすらに傾聴してくれた。批判することなく、励ますことなく、そのまま聴いてくれた。その先生と別れた後、不思議な体験をした。公園を歩きながらさっきの面接を振り返っていると、「こんな自分でもそのまま認めてくれる人がいる。自分はこのままでもいいのかもしれない。うつはうつなりにやっていけばいいんじゃないか」という気持ちが起きてきた。その気持ちになった時に、比喩ではなく周囲の草木がいきいきとして見えた。

その後も症状はそれ程変わらなかった。でも、「うつはうつなりにやっていけばいいんじゃないか」という言葉が腑に落ち、「苦しいけど、やれることはやっていこう」というスタンスで過ごしていくうち、自分を苦しめていた症状は消えていった。自分の話にひたすら耳を傾けてもらい、ただそのまま受けとめてもらえたこと。これがどんなに自分の助けになったことかと思う。この先生との面接と、その直後に起きた気づきは、自分のカウンセラーとしての実践的立場に決定的な影響を及ぼしていると思う。（坂中、一九九六　一部改変）

［感じること］

今振り返ると、ここにある過剰適応という文脈だけでなく、友人との議論で刺激を受け、「本当に正しいものとは何か」をとことん懐疑し、それが何もないという自分なりの結論にたどりついた時に、底が抜けるような感覚をともなって寄る辺なさを実感したこと、それもこの時期の不適応に大きく寄与していると思います。昔から、正しさへのこだわりと考えることを唯一の自身のツールとし、感じることをなおざりにするところがありました。それが先鋭化したのがまさにこの時期であり、底が抜ける寄る辺なさを感じるまでに自身を追い込んだのだろうと思います。先のターニングポイントにおける「こんな自分（あたまでは受け入れられないような状態の自分）でもそれなりにやっていけばいい」という実感（感じる）とともに、周囲のリアリティ（いきいきとした草木）を取り戻したことは、私の感じることの復権だったのではないかと思っています。その契機は「こんな自分でも（ありのままの自分を）そのまま認めてくれる」という存在であり、無条件の積極的関心（以下ＵＰＲ）の体験であるといえるでしょう。周囲にあわせ、不適応となり、どうにもならない今の自分をそのまま受けとめてもらうことで、見失っていた自分に目が向き、受けとめることができるようになった、考えること中心になっていた自身との向き合い方が、感じるというもう一つの向き合い方の世界に開かれたという象徴的体験だったと思います。

［ゆだねること］

このエピソードの意味はもう一つありそうです。この不適応の期間はほぼ一年半くらいで、とにかくはやくよくなるように焦っていました。先の気づきの体験は一年くらい経過した頃ですが、それ以降は、ある種、現状のまま、できることをやる、ゆだねるというあり方に移行したように思います。コントロールを手放し、ゆだねることにより、結果的に改善してゆくという、ある種の逆説的な体験をしたことは、当時の私にとって大きな意義がありました。効率的にコントロールし、無駄をなくすことが大事と思っていた私にとって、待つことや時熟といった、これまた今まで見えなかった世界に開かれる契機となりました。そしてこの契機も「コントロールするでもなく、ただただ寄り添い続ける」という存在であり、非指示性の意味の身をもっての体験といえます。

私にとっての理論の意味の深まり

このように私とPCAとの出会いによってもたらされたのは、自分との向き合い方における「感じること」と「ゆだねること」の復権といえます。このことの私へのインパクトの大きさがPCAへのこだわりの端緒といえるでしょう。これは自分の未開発な部分を耕すことになりました。言い換えれば自分の可能性を拡げることになったわけです。

一方で、「正しさ」や「考えること」も親和的なものとして私の中に生き続けており、PCAの文献にでてくる、援助の共通要因、必要十分条件、実証研究などといったワードも私にはずいぶん魅力的で、この面からもPCAに惹きつけられます。この方面からいえば、なかでもPCAのエッセンスに注目するのは私にとっては必然的であり、中核三条件（一致・UPR・共感的理解）が私の関心事となるわけです。また「コントロールすること」は非指示性へのこだわりにつながっていると思います。

ここからはじまったPCAへのこだわりも今に至るまでいくつかの位相がありました。

［初期のこだわり］

中核三条件の中でも私はUPRを重視していました。先のエピソードは、分かってもらうよりも根源的な、存在を受け入れられる体験といえ、これが共感的理解よりUPRがベースという感覚につながっています。ただ、UPRは援助の大前提、できて当然であり、実践上、自身の課題とは考えていませんでした。その意味では理論上重視していたということなのでしょう。

一方、自身の実践上の課題として認識していたのは共感的理解でした。「感受性がとぼしい」というのがこの頃の口癖です。相手の発言をなぞることはできてもそれ以上のものが出てこない。そんな感覚でした。

一致は、当時は感じることと表現することとの分化が不十分だった気がします。また、相手を大事にする感覚（ＵＰＲ）とのつながりが今ひとつ見えなくて、あまり深めていなかった感じがします。

非指示性については、あれこれ考えており、特にフォーカシングにおける指示性をどう考えるか、そこから発展して、クライエント中心療法とフォーカシング志向心理療法の異同といったことにも考えをめぐらせていました。最近の研究動向などをみると、当時考えていたこれらのことがトピックとなっていることもあり、「あの時、もっと言葉にしておけば」と若干後悔しています。ただ、これらのトピックや中核三条件は自分の不勉強さから疑問に思うだけで研究テーマまでにはならないと考えていました。研究テーマにおいても自分の感覚への信頼感がまだ十分ではなかったように思います。

［ばらばらがまとまり、深まる］

このように各条件をそれぞれとして捉えていた中核三条件が、経験を重ねるにつれ、自分の中で徐々に一つのまとまりになってきます。その契機はいくつかありますが、実感的にはエンカウンター・グループ（以下ＥＧ）の体験が大きいと思っています。ＥＧの中ではいつもより少しだけ自身の感度がよくなる感じがあります。相手の話を聴いていて自分がどう感じるかをゆっくり時間をかけて確認することができるからでしょう。これは後述します。研究面でいえば、中核三条件を測定する関係認知スケールの研究を進める中で、各条件間の相関が高いことを繰り返し確認したことも大きいでしょう。各条件間の相関が高いということは一つのまとまりと考えてもいいわけです。ただ、UPRと共感的理解の相関が高いのは合点がいくけども、一致も同様というのがちょっと不思議でした。でも、こんなことから、中核三条件は未だ研究テーマとして、追究すれば色々と見えてくるものがあると勇気づけられ、当初のこんなことが研究テーマになるのかという思い込みは少し緩めることができました。これはこの面での自身の感覚への信頼感を少し回復することにもなりました。

また、EGや面接の中で、UPRになれない自分に気づいていきます。今までUPRが保てていたと思っていたのは、自分の感度がラフだったからだと思い知らされます。これは、逆にいえば、自分の中のこれまでアクセスできなかった部分に光を当てることができるように、少し感度がよくなった、すなわち、一致してきたともいえます。ここに来てUPRを確認するには一致が重要であると思うようになってきました。一方、相手の話を聴いて、しっかりと味わい、そこから湧いてきた理解を伝えると、相手から分かってもらえたという反応をもらうことも増えてきました。自分の感じていること（一致）が共感の手がかりになり得るという気づきです。思えば、相手の内的照合枠を重視するあまり、自分の照合枠からの理解に過度なブレーキをかけていたようにも思います。これまで、一致がよく分からなかったのは、実は自分の感じへのアクセスの問題だったのです。相手を大切にし理解しようとするまなざしと同じまなざしを自分に向けることが一致と実感されました。よく分からなかった体験過程というものも少しは実感をともなって語れるようになってきたのもこの頃です。こうしたプロセスを経て、自分と相手を大切にするまなざしや態度（これをパーソンセンタードな態度とよんでいます）こそが実感される実態で、光の当て方によって各条件が浮かび上がってくるというイメージが浮かんできました。今は中核三条件をそんなふうに捉えています。

この展開は自分にとっては「拡がり」を体験するいい契機となりました。中核三条件というすでに確定している（であろうと思っていた）ものが、考えたり感じたりすることで、より拡がってきたこと、概念にも自分にもまだ見えない余白があるともいえます。その余白に関心をもちつつ、時に考え、時に感じ、何かが熟してくることを期待し、ちょっとゆだねてみること、そんな意味をより明確に感じるようになりました。このような事態は当然、相手の中にも起きてくることです。こちらが想像し得ない気づきや展開を面接やEGなどで目の当たりにすることがありますが、この余白を意識すれば余計にそのようなことに出くわすことが増えました。そこで生まれてくることへの信頼感が育ってきたのでしょう。このことをロジャーズなら実現傾向への信頼と表現するでしょう。

このようにUPRへのこだわりから端を発した自身のPCAの軌道は、パーソンセンタードな態度というかたちに拡がり、それとともに自他の余白の信頼にもつながって、こだわりのほどけ体験につながりました。当たり前だけど難しいこと（パーソンセンタードな態度を含む）を大切にしつつ、放っとくと、むくむく起きてくる自分の指示性をいさめながら、その時その時のかかわりを模索するというのが今の実践での自分の実感です。

PCAの体験的理解

PCAの理解の拡がりから、私のPCAの伝え方に変化が起きました。分かりやすく、正確に伝えることとは、何かを伝える際に大切にしていることで、その一つの結実が坂中編（二〇一七）です。しかし、もっと実感を手がかりにそれぞれの理解を促したいと思うようになりました。これは、正確な理解にこだわりすぎると結局は回り道になることもあること、それぞれの理解という余白を意識し、学習者自身の実感を手がかりにすれば、それほどとんでもない理解のずれは生じないと捉えるようになったことによって、リアリティをもってきたものです。加えて、そもそもパーソンセンタードな態度は誰しも（多少とも）持ち合わせているものであり、そこを育てることが大事と思えるようになったことも大きいと思います。

PCAを授業で扱う際、以前からワークなどを用いつつ伝えてきましたが、構成型EGでの様々なエクササイズの工夫や実践を重ねながら、また、南山大学でのラボラトリー方式の体験学習を実践されている先生方とのチームティーチングの経験からも刺激を受けつつ、ＰＣＡで大切にしていることを体験的に学ぶエクササイズ・ワークとプログラムの開発といった志向性が生まれてきました（坂中、二〇一八）。これは従来、ＰＣＡの教育の中で行われてきた傾聴ワークの見直しや再評価、フォーカシングの様々なワークに触れる中での自分の中でのフォーカシングの再発見にもなりました。

初学者の学びを如何に考えるか、これは私の学びの振り返りでもありました。その人の実感（感じ）から出発する構成は、まず理論（考え）ありきの当初の私のありようからすると大転換です。さらにこの実践の中で、中核三条件以外にも自分が重視しているポイントなどが見えてきました。それはプログラムを構成する中で見えてくることもあれば、無自覚にそのようにしてきたけど、あとからその意味が見えてくることもありました。これこそ余白の面白さでしょう。ＰＣＡ実践家の学びのプロセスに関心をもっていることは、まさに自分の学びのプロセスに関心を向けることです。初学者の学びだけでなく、その後の学びにかかわるＰＣＡ実践者のためのセルフヘルプグループやＰＣＡならではのケースカンファレンスなど様々に試みているのは、まさに私のニーズとパラレルなのだろうと思っています。

エンカウンター・グループの意義

私とEGとの最初の出会いに象徴的エピソードがあります。これは先のカウンセリング体験の少し後の出来事です。

私がEGに初めて参加した時の出来事である。グループの中でロジャーズの中核三条件についての疑問を話した。「私はどうしても受け入れられない価値観をもつ人の話を聞けば、それは違うと絶対思う。そしたら、もう無条件ではない。一方、価値観が違うけど、でもこの人はこの人で受容しなきゃと思うと、これは一致ではない。無条件性と一致は両立しないのではないのか?」と発言した。（中略）すると、メンバーがこういった。「それはそういう人と会ってみないと分からないじゃない」。しばしの沈黙の後、ファシリテーターが「理屈じゃなく、実際の人と人の関係で自分がどう相手にかかわれるのか、具体的にどう関係を作っていけるのか。そんな中で考えていけばいいのではないかと思う」と。これは私の疑問には直接答えていないものの、今までの自分にはない視点だった。理屈や論理のみ大事にしていた自分にとって、体験の重要性が輝いた最初の時だったと思う。本当に新鮮で、目から鱗が落ちる体験だった。（坂中、二〇〇二　一部改変）

これは、先に述べたような実感の復権の契機ともいえるエピソードです。ここからEGにはまっていきます。また、実際の関係の中で考えるということは、ある意味体験に身をゆだねるということです。EGでは、様々なことが起きます。思わぬことでグループが展開していきます。これはまさに可能性への信頼を実感する場であり、私の余白への信頼を培ってくれたと思います。

私はEGというフィールドを中心に研究を進めてきました。研究だけでなく、EGのファシリテーター体験は実践の源です。ところが、私にとってのEGの意味をこれまでそれほど語ってきませんでした。これは、自身のアイデンティティは個人からコミュニティまで含めたPCAにあるからでしょう。しかし、坂中（二〇一七）をまとめる中で、EGの意味が、見え隠れしてきました。ここからはそのあたりに光を当てたいと思います。

そんな私が以前珍しくも自身にとってのEGの意味を「聴くことによる自己理解」というタイトルで記した文章があります。

『レ・ミゼラブル』というミュージカルがあります。私の大好きな作品です。服役していた主人公ジャン・ヴァルジャンが、司教の慈悲により改心し、その後、様々な苦難の中でも、自身を偽らずに歩んでいく人生を描いています。また、バルジャンの人生と交わる様々な個性的な人物の人生も描いています。このミュージカルの魅力は様々な登場人物の人生を描いているところであり、それぞれの登場人物が私に何かを訴えてきます。

私にとってのＥＧの魅力について振り返ると「静座観群妙」という言葉が思い出されます。これは武者小路実篤の作品で、かぼちゃやピーマンなどいくつかの野菜が描かれているところにこの言葉が添えられています。作品全体で「いろんな形をした野菜があるが、それぞれの妙を静かに座って観る」といったことを表しています。これは、ＥＧでメンバーの様々な体験を聴かせていただくことで、そのメンバーのありように触れさせていただけるという、私にとってのＥＧの魅力を端的に表しているように思います。

この二つのエピソードを紹介したのは、「聴く」ということの聴き手にとっての積極的な意味を表現できたらなという思いからです。カウンセリングでは「聴く」ことは援助の基本であり、かつ到達点でもあるといわれるくらい大切にしますが、それは相手の援助という意味合いにおいてであり、聴き手にとってのそれではありません。しかし「聴く」ことは、聴き手自身にとっても大きな意味があると思うのです。

他者の人生に触れること、他者の体験を聴くことは、他者の理解にとどまらず、そのことによって、聴き手自身も自分のこころの様々な側面に光を当て、自分を確認したり、自己理解を深める契機になります。

他者に耳を傾けることは、自身に耳を傾けることにつながります。他者と対話することは、自身と対話することにつながります。

『レ・ミゼラブル』の様々な登場人物に触れる中で、私は自分自身の中のそれらの人物なるものを発見し、また、それらとは異なる自分を確認します。ＥＧでのメンバーの体験に触れる中で、私はその人らしさを感じさせていただくと共に、自分らしさにも目が向いていきます。

語ることによる自己理解はよく語られることですが、聴くことによる自己理解ということにも耳を傾けたい。私にとってのＥＧの魅力はまさにこの点が大きいと思っています。（坂中、二〇一四一部改変）

ここで述べたことは、ＥＧ固有のことではありません。面接でも起きうることです。しかし、ＥＧはその場に様々な人がいるので、様々に光が当たりやすく、起きることがダイナミックであります。様々な価値観に触れれば、自身のUPRも試されます。共感的理解も同様です。

また、ここで述べたことは、他者の話を自身の中でしっかり味わうということでもあります。これは先に述べたEGではすこし自分の感度がよくなる体験につながります。そこで感じたことを伝えると相手にとっての共感につながることが多々あるのも前述のとおりです。似た体験をもつ参加者はそれなりにいるようで、「グループにはメンバーは複数いるので、肩肘張らずに聴ける」「必ずしも自分が具体的にレスポンスしなくても、誰かが反応してくれる。だから自分のペースで反応すればいい」「自分にはない理解が他者から示されることで、自分の理解がずれていても、他者の反応で補正される」などの感想をよく聴きます。EGには、グループの安全感が確保できれば、リラックスして自他を味わうことに専念でき、他者の反応も手がかりにしつつ、自他の理解を補正、深化させながら、理解を立体的にすることができる構造があるといえるでしょう。それは、相手と丁寧に向き合い、自身と丁寧に向き合い、その結果、様々な出会いの起きる場だといえます。

さらに、この記述の違う側面に光を当てると、メンバーとのかかわりと、自身の内的体験とのかかわりとは、極めて相似的な関係になっていることを表しています。グループ自体を一人の人間（有機体）と考えれば、メンバー一人ひとりは、自分の中の様々な声であり、他人の中の様々な声であります。相反する声もあればそうでないものも、大きく主張するものもいれば、沈黙を守るものも。そして、それらは様々な方向に展開していく可能性をもっている。それらを含めて全てがこのグループであり、自分であり、相手です。それとどう向き合うかをある意味可視化しているのがグループともいえます。グループとの向き合い方は自身との向き合い方、他者との向き合い方を耕してくれます。

前述したダイナミックな余白の展開をみせてくれることも相まって、実現傾向への信頼を育ててくれるグループ体験は、ＰＣＡを学ぶ上で意味があるだけでなく、個人アプローチ、コミュニティアプローチへの示唆にも富むものといえるでしょう。

おわりに

私にとってのＰＣＡの意味を学んできたプロセスを振り返りながら確認してきました。理論と対話し、実践と対話し、自身との対話を深めつつ、ここまできました。このことが坂中（二〇一七）で述べてきた学ぶプロセスといえるでしょう。最後にここまで書きながら気づいたことのいくつかを記しておき、次の展開のタネをまいておきたいと思います。

今の私にとってはＰＣＡを書き下し文で表現すると、様々なもの（自分の中の様々な気持ち、グループの中の人と人など）と大切にかかわり、それらをつなごうとする、かかわり、つなぐことから生まれる余白のもつ可能性に身をゆだねるものといえそうです。これは自身との対話においても、相手との対話においても、メンバーとの対話においても、同様です。自他への傾聴こそが対話といえます。

二項対立という言葉があります。二つの概念が存在しており、それらが互いに矛盾や対立をしているような様を表す用語です。このような時、止揚し、統合することを考えがちですが、その手前を丁寧にする、すなわち矛盾や対立する二つ以上のものそれぞれへの丁寧な傾聴こそが大事であり、止揚・統合する目的すら最小限に抑えた、ゆだねるような傾聴がＰＣＡのさす対話ではないかと思います。カウンセリングは成長の営みであるけれども、成長を性急にもとめない、むしろ成長という目的を最小限に抑えた営みともいえるでしょう。その意味では、考えることと感じること、ゆだねることともとめること、やさしさときびしさ、自己概念と経験、からだとあたま、自己理論と体験過程理論など、いずれか一方に条件つきの関心を向けるのではなく、都度、対話が進むようなあり方をすることが、大事な気がしています。傾聴という対話を促し、まだみぬ可能性（余白）にゆだねることがＰＣＡではないかと思っています。

ここで述べてきた私の特徴と変化は、私を表していると共に、ある種の社会の課題を表しているともいえます。カウンセリングとは個々の問題の援助であると共に、社会を照らす参照軸としても機能していると思います。そのような視点からもＰＣＡを振り返っていることは大事な気がしています。

そしてまた冒頭の言葉にもどっていきます。

「(人ごとではない) 人間のわたし」

●文　献

坂中正義（一九九六）学生相談体験から思うこと『福岡大学学生相談室報』一二号、二九～三三頁
坂中正義（二〇〇二）私と来談者中心療法、もしくはパーソン・センタード・アプローチ：理論と体験の相互作用から　村山正治・藤中隆久（編）『クライエント中心療法と体験過程療法：私と実践との対話』ナカニシヤ出版　四一～五五頁
坂中正義（二〇一四）聴くことによる自己理解　人間関係研究会ホームページ　コラム一九　https://encounter-group.jimdo.com/コラム-1/19-坂中正義/［二〇一八年九月二三日］
坂中正義（二〇一七）パーソンセンタード・アプローチの実践家を育てるための視点と提言：心理臨床家に焦点をあてて『南山大学紀要　アカデミア　人文・自然科学編』一四号、六五～九〇頁
坂中正義（編）坂中正義・田村隆一・松本剛・岡村達也（二〇一七）『傾聴の心理学：PCAをまなぶ：カウンセリング、フォーカシング、エンカウンター・グループ』創元社
坂中正義（二〇一八）初学者向けパーソンセンタード・アプローチ・ワークショップの試み：自身との対話をベースとした中核三条件と傾聴の体験的理解をめざして『南山大学人間関係研究センター紀要　人間関係研究』一七号、二四～五四頁

来談者中心療法から多面的アプローチ、そしてフォーカシングへ

伊藤研一

理科系から心理学へ

私はもともと大学に入ったときは理科系であった。高校の時に理系科目が好きで得意であったからである。しかし、入学してすぐの数学演習で驚愕した。前もって配られた数学の問題、たしか公理から定理を導き出すような問題だったと思うが、私がまったく歯が立たなかった問題を黒板にすらすら解いていく同級生の一人を目の当たりにしたのである。その後も物理学の大学版である解析力学では三次元の世界ではなく、n次元に一般化した世界が対象。次々に展開される難解な理系学問に囲まれ、途方に暮れた。教養課程の二年でどの専門に進んだらいいかわからず、進学不志望届けを提出して二年生を二回やり、そののちオーロラや海洋にあこがれて地球物理学科に進んだ。地球物理学科でもまったくついていけない。苦し紛れに夏休みに

入る前から夏休みにかけて二カ月間ヨーロッパを放浪した。旅するうちに自分は人間に興味があると感じられた。

帰国してからエーリッヒ・フロムの本を読み、心理学にさらに惹かれた。転学科ができることがわかり、教育心理学科へ転学科。授業がその時間中に理解できることに感激。大げさでなく、世界が輝いてみえたのを覚えている。

来談者中心療法との出会い

転学科は許可されてから進学までの間に、学生相談所主催のウィークリー・エンカウンターグループに参加した。そこで男性ファシリテーターの一人とかなり激しくぶつかったセッションがあった。その夜、そのことと密接につながっていると思われる夢を見た。父親を背負い投げで投げ飛ばした後、ぐったりした父親が心配になり、「大丈夫?」と駆け寄る夢である。実に面白いと思い、一時期はエンカウンターグループに頻繁に参加した。合宿形式のそれには、教育心理学科教授の故・佐治守夫先生、精神衛生研究所（現国立精神・神経医療研究センター）の故・越智浩二郎先生も参加されることがあった。元祖ロジャーズの『出会いへの道』も観て感激した。

来談者中心療法を中心に学ぶことになる。

多面的アプローチへ

博士後期課程から公立教育相談所に非常勤で勤めることになる。そのとき、今振り返って考えてみると、軽度の知的障害と愛着障害からくる対人関係の問題をもった中学生男子を担当していた（伊藤、一九八九）。幼児期からさまざまな適応上の問題があり、小学校ではほとんど席についていたことがなく、教師から持て余されていた。プレイルームを突然飛び出す、プレイルームの窓からミニチュアの玩具を捨てる、プラレールの電車同士のたたかいで電車を床にたたきつけて壊す、などで私も振り回されたが、次第に信頼関係もでき、問題に関する仮説もできた。ちなみにこの仮説を考える際には、数学の難問を考えるときの思考法が役に立った。一年を経過したころ、ケース・カンファレンスで発表したところ、スーパーバイザーから、このようなクライエントには、クライエントの自発性を促すだけの援助では不十分であると指摘された。クライエントの発達課題を視野に入れた援助が必要であるといわれ、まさにそのとおりであると納得した。そこで、プレイセラピーで取っ組み合いのようなじゃれあいのようなことをしばらくしたあと、クライエントが「こんなことばかりしてもしょうがないよ」といったときをとらえて「何したい？」とたずねる。クライエントから「料理作ってみたい」との答え。勤務していた教育相談所ではそのような活動が可能で、しかも実際に行われていたところから、クライエントとさまざまな料理やパン、お菓子などを作ることになる。写真の現像や自転車のパンク修理などを教育相談所が入っていた教育センターの他の職員にも教えてもらい、対人関係が広がっていった。九年間のかかわりののち、仕事を始めるようになり、終結にいたった。

狭い意味での心理療法の範囲からはずれるこれらの活動をともにすることで、心理的支援の幅がひろがり、守備範囲が拡大しただけではなく、常にクライエントの現実の生活を視野に入れてかかわるようになったと思う。その後、学習不振の小学生のクライエントに学習援助と遊戯療法を並行して行ったり（伊藤、一九九三）、中学校のスクールカウンセリングで、不登校の中学生の男子のクライエントと自分との関係を広げるために、学校の教員に協力をお願いして、実験やお菓子作り、スポーツをともにしたり、という援助を行っている。

多面的アプローチの限界――「宿題」

病院の医師からカウンセリングをということで、妄想性障害の成人女性が紹介されてきた。「書店で偶然手にした本に自分のことが書かれていた。これは自分を混乱させるためのものだ」などの妄想があったが、それ以外の家事や趣味などの日常の用事はこなせていた。また妄想を語るだけ語ると「カウンセリングは私は素人で先生が専門ですからおまかせします」となり、共同作業にならない。イメージ療法などあれこれ試したものの、この基本的構えは変わらず、進展が見られないため、その問題についてクライエントに十分に説明したのち、主治医に所見を送り、中止とした。

しかし、このケースはほかにやりようがあったのではないかと引っかかっていて「宿題」となっていた。

フォーカシングとの出会い

フォーカシングはジェンドリンが開発した技法で、フェルトセンス（身体の感じ）と対話しながら気づきを得る方法である。三〇年ほど前に、フォーカシングを日本に紹介した一人である故・村瀬孝雄先生にガイドをしてもらい、フォーカシングを経験した。途中からプロセスは進まなくなり、「進まないね、やめよう」と中止となった。これは私にとってかなりショックであり、「フォーカシングはむずかしい」という印象が残った。その後一〇年近く経ってから、アン・ワイザー・コーネルの著書を読み、彼女が、フォーカシングで一番大事なことは、フェルトセンスと一緒にいることで、変化が生じるとすれば、自然に起こるので、変化を起こそうとする必要はない、と主張されていたことに「そうだったのか」と目を見開いた。それなら難しくない。思えばジェンドリンの方法では変化に重点が置かれていて、そこでつまずいていた。

院生の少人数演習でフォーカシング・セッションを始めた。一、二年続けた後、フォーカシングによる「ホームラン」とでもいえる劇的変化を目の当たりにした。

フォーカシングによる「ホームラン」一本目

大学院生の演習で試行カウンセリングを行っていた。応募してきた学部生をクライエントとして、一回四〇分、四回限定のカウンセリングを行う実習である。一人の院生（女性）がカウンセリングで行き詰っていた。クライエントの学部生もその院生も緊張を笑いでごまかす傾向が強く、かなりつらい話題が笑いながら話し合われるという奇妙な面接が行われていた。院生自身はクライエントの問題によって自分自身の問題が刺激され、切羽詰まっていたという。そこで私にスーパービジョンを依頼してきた。時間がとれずに昼休みにスーパービジョンをしたが、時間が足りず、次週の日曜日の朝に私の自宅に電話をかけてもらいスーパービジョンをすることにした。親にも他人にも負担を極力かけないように生きてきた院生にとって、私の昼休みをつぶし、さらに日曜日に電話をかけてスーパービジョンを受けるというのは、それまでであれば、まずありえないことであったが、意外にも心の底があたたかくなるような感じがしたという。

その昼休みと次週の日曜日との間に、私の別の演習があり、フォーカシングを実習していた。その時のフォーカサー（フォーカシングをする人）を募ったところ、当の院生が手を挙げた。すでにフォーカシングを経験していた別の院生がリスナー（聞き手）を行った。「目から上の部分があたたかくて気持ちいい……」→「頭の中で熱が飛び散っている」→「熱がだんだん下のほうに向かっていく」→「足が『ずっと待っていたんだよ』って」→「足の細胞がプチプチ飛び跳ねている」→「静かな感じ。どこかの庭園で寝ている感じ」というプロセスを経てセッションを終えた。そのセッションを見ていた私には十分にわからなかったが、その院生にとってはきわめて大きな意味を持つものであった。セッションの後、いつもはする自炊をする気になれず、レストランに入った彼女は椅子にすわるやいなや涙がほとばしり出たという。人前で涙をながすということは彼女にとってきわめてまれなことだった。しばらくして長年悩まされていた手足の冷え、偏頭痛、時折の腹痛などがまったくなくなったことに気づいたそうである。

そして試行カウンセリングの最終セッション。クライエントは相変わらず、緊張を笑いで紛らわしながら話していたが、彼女はまったく笑うことなく耳を傾けた。しばらく傾聴した後、彼女がクライエントのつらさに触れたところ、クライエントは堰を切ったように涙を流し、幼少期のつらい経験を打ち明けた。この後クライエントは苦手な人といるときに「この人といるとつらいな」と認めると、それほどつらくなくなることに気づいたという。

もちろん私との関係がベースになってのフォーカシングによる劇的変化であるが、フォーカシングでなければ、これほど短期間に院生自身の状態と、カウンセリングのしかたに変化があったとは考えにくい。

フォーカシングによる「ホームラン」二本目

アトピー性皮膚炎の成人女性が紹介されてきた。二〇代半ばから急に発症し、皮膚科でステロイド治療をしていたが、ステロイドが効かなくなり、ステロイドを抜くことになってから、かゆみと焦燥感がはげしくなり、会社でも無性に掻きたくなり、トイレにこもってかきむしるようになり、仕事に支障が出たため、一カ月前から休職しているとのことであった。主治医に「こんなになるまで掻きむしるなんて、あとでつらいでしょう」といわれるが、本人は「掻き始めると手が止まらない」という。一人暮らししていたが、休職してから眠れなくなったり、パニックになって泣きわめいたりして一人でいることがこわくなり、母親に来てもらっている。

はじめは母親だけが来室し、事情を説明して、次回から本人が来るという。母親からの話で印象的だったのは「五歳の時に妹が生まれて以来、自分から『お姉さんだから』と甘えてこなくなった。だから今回私を呼んだのは初めてのＳＯＳね」とのことである。

初回、本人からいままでのいきさつを聞いた。子どもの頃から過剰適応的なところがあるクライエントだが、小学校から高校まで集団競技で活躍し、対人関係には問題が少なく、心理的健康度は高いと考えられた。そこで終わり際に「いまどんな感じですか?」とたずねると「胸に何かつかえている感じ」と答えたので、フォーカシングが適用できるのではと考えた。「自分では気づいていない自分に気づく方法があって、フォーカシングと言うんだけど試してみる気はありますか?」というとすぐに「自分では気づいていない自分を見てみたい。こうやって話しているだけだと自分でもわかっていることしか出てこないし」と意欲を示した。

二回目の面接でフォーカシング・セッションを行った。ウォーミング・アップとして行う「からだの感じ調べ」でからだの各部分の感じを確かめてもらうと、腕が「かゆくて熱っぽい、皮を剥ぎ取りたい」、手が「熱っぽい」と症状につながるような感じだったことが注目された。またクライエントにフォーカシングを適用するときに必ずたずねることにしている「安全な感じはどこか」とたずねると「背中にはなにも感じがない」で「楽」と答えたので、そこを十分に感じてもらい、フォーカシング中につらくなったら「背中」にもどりましょうと伝えた。

「気になる部分」をたずねると、腕の内側で『島』があるような、かさぶた。とれかかった皮膚の感触が……」でクライエントは両腕で身体を抱えてこきざみに震えてくる。そこで「背中にもどりましょう」というと、まもなく落ち着く。ここで終わったほうがいいかたずねると「続けます」といい、「首の後ろがむずがゆい」といい、身体がこわばってくる。そこでまた背中にもどることを提案すると「落ち着いてきました」と。セッション後、クライエントは「背中が楽なのは意外だった。いつもはかゆくて掻いてしまうところ」と語った。

第三回面接で二回目のフォーカシング・セッション。安全な「背中」を十分に感じてもらってから「気になるところ」を感じてもらう。すると、腕から「幼虫のようなものが出てくる感じ」がしてくる。いつもは「虫は大嫌いで、早くつまみ出したい感じ」なのに「虫」が「もっと遊んでくれる?」といってきて「憎めない感じ」がするという。「なじみのある感じですか?」とたずねると「皮膚が半分めくれたときに掻いたら治りにくくなるので掻いたらいけないと思いながら掻いてしまうときの感じ」と答える。「日常生活の中の感じでは?」と聞くと「母と一緒にいるより一人になりたい……でも一人ではどうにもならない、甘えたいような感じ」とのこと。

この次の面接で、主治医から「山を越した」「胸のあたりの皮膚がすごくきれいになった」といわれたとうれしそうに報告がある。家事ができるようになり、母親を楽にできるとのことばに、「親にとって子どもからあてにされないのはさみしいこと、むしろお母さんは家事できてうれしそうじゃない」と私が聞くと「そういえば実家にいたときよりも若返ったかも」とうれしそうに笑った。

最後の面接では主治医から「だいぶよくなりましたね。もう診断書もいらないでしょ」といわれたという報告。また「自分のからだの感じに慣れてくるんですね。きのうもぞわぞわする感じがあったけど、しばらく我慢したらやりすごせました」「いやだと思っていたのが共存できるとわかった」と言い、復職のための終結となった。

以上に述べたフォーカシングによる二本の「ホームラン」の話は、かつて伊藤(二〇〇九)

にも記した事例である。この後も何本か「ホームラン」や「ホームラン級の当たり」は経験した。最後に先の「宿題」に触れたい。

再び妄想性障害の女性と「浸食される能力」――「宿題」への答え

クライエントは六〇代の女性で主訴は「近所の人はみなグルで、自分たちの家を見張っていて情報を集めている。新聞、郵便物には毒が塗られている危険が大きい（新聞は読む前にウェット・ティッシュで拭く）」である」。夫は七〇代で仕事一筋できた。妻の訴えに対しては「そんなことはありえない、証拠があるのか」と怒鳴って否定しようとする。

本人は結婚して三人の子ども（すべて男子）を育て上げる。夫の会社が業績不振におちいって減給になったときには、近所のスーパーマーケットにパート勤務をして家計を支えた。しかし、一〇年くらい勤めたころから勤務先で同僚が知らないはずの自分の家のことを話すと言い出し、数年前に退職。家族の勧めで精神科クリニックに通院を始める。「統合失調症」の診断。薬は出されているが服薬は拒む。子どもたちはすべて独立して別居。

初回では「三男が結婚して寂しくて近所のサークル活動に参加したが、話が合わず、また自分の家の情報を聞き出そうとするのでやめた」「近くのアパートの住人も家を見張っている。私が家を出ると、すぐにばらばらと出てくるから」と、不安そうではなく淡々と話す。クライエントと面接していて私は胸のあたりに「切ない感じ」をひしひしと感じる。この「切ない感じ」はこの面接以降も強弱はありながら続いていった。

終了間際にセラピストが「今どんな感じですか」とたずねると「だいぶ楽です」と答えた。「今までつらいのをよく頑張ってこられたと思います。ここで話して楽になってゆとりを増やしていくのはどうですか」と提案すると「お願いします」ということで継続面接となる。

この事例は三年間、毎週一回の面接を継続した後、「身のまわりの人が私をどう思っているかは私の『想像』でしかなかった」と自然に考えるようになり、本人の申し出で終結した。

経過を振り返ってみると、セラピストがこの「切ない感じ」を感じながら面接を続けたことが大きな治療要因となったと考えられる。もちろん、夫との間をつなぐための夫婦面接や生活上の困りごとへの具体的な助言、心理教育的働きかけなども行ったが、面接の主軸となるのはこの「切ない」感じであったと考えられる。

クライエントは、①子ども三人を育て上げ、②家族を支えるために懸命に生きてきて六〇代になったものの、自分はこれから何を支えに生きていけばよいのかわからない、③夫は仕事一筋の人でAさんの孤独を共有してくれるどころか怒鳴りつける人である、ことから、切なさ、寂しさ、悲しさを心の奥深く感じていることは容易に想像できる。「近所の人が自分の家の情報を集めている」ので警戒しなくてはならない、という妄想は、①このような感情に向き合わなくて済み、②「警戒する」役割をクライエントに与えてくれるという二重の利得がある。

成田（成田・他、二〇〇一）は、自身の外来に陪席した精神科医の発言「フィール（その場の雰囲気）に場が支配される。先生の持っている能力は浸食される能力だ」を引いて「自分の中にその場の雰囲気が浸食してきて、私をして雰囲気を感知せしめてくれるといいと思っている。それは私が私の心の中を探るというより、その場の雰囲気がその場にいる私の中に入り込んでくる。それを体感的にキャッチしたものを言葉にしようということです」としている。

実際、「切ない感じ」に触れながら面接を続けることによって、セラピストの内面は大きく影響を受けた。たとえば、「近所の人が咳をしたら、自分の周囲で咳をする人が増えた。その人たちはみんなグル」とクライエントが語った後、私は「近所の人と思われる人が咳をしたのを見て、クライエントが泣き叫ぶ」夢を見た。

心理療法家の課題は、この「浸食される能力」を高めていき、その感じを自覚することではないかと現在のところ考えている。その課題に取り組んでいくうえで二〇数年のフォーカシング経験は大いに役立っている。

ここ数年、私はスーパービジョンやロールシャッハテストなどの心理検査のローデータを聞いているときにも私の中にフェルトセンスが生じ、「浸食」されることが増えてきたと感じられる。

●文　献

伊藤研一（一九八九）遊戯療法から多面的働きかけへの展開『心理臨床学研究』七巻、三九〜五一頁
伊藤研一（一九九三）学習援助を心理療法に統合する試み『心理臨床学研究』一一巻、一五二〜一六三頁
伊藤研一（二〇〇九）心理臨床にフォーカシングを活かす　諸富祥彦（編著）『フォーカシングの原点と臨床的展開』岩崎学術出版社　二二九〜二七六頁
成田善弘・他（二〇〇一）座談会：治療者にとってのフォーカシング　伊藤研一・阿世賀浩一郎（編）『治療者にとってのフォーカシング（現代のエスプリ四一〇号）』至文堂　八〜三六頁

「パーソン中心」を求めて

堀尾直美

私は現在主に、国際フォーカシング研究所のトレーナー及びコーディネーターとして、フォーカシングの個人セッションのお相手をしたりワークショップの講師を務めたりしています。傾聴講座やＰＣＡＧＩＰ（ピカジップ）法の研修講師を務めることもあります。フォーカシングはパーソンセンタード・アプローチ（以下ＰＣＡ）の中に含まれますし、傾聴もＰＣＡに依ります。ＰＣＡＧＩＰ法はその名の通りＰＣＡに基づいています。このような仕事をするようになって一二年余り経ちます。それ以前はもっぱら大学での学生相談に携わっていました。

大学院を修了して二三年余り経ちます。授業を受けた先生方には、ＰＣＡを実践の柱として打ち出しておられる方はいませんでした。学部や大学院でＰＣＡについて何をどのようにどのくらい学んだか、今はもうおぼろげな記憶しかありません。ただ、ロジャーズのグロリアとの面接の逐語録を使い、その応答を分類、検討したことは印象に残っています。また、主に指導を受けていた先生がどちらもグループを行う方だったことと自分自身の必要性から、学部生・院生を対象としたベーシック・エンカウンター・グループには参加していました。

いずれにせよ、指導教授がPCAに依拠していたわけではない私がPCAを自分の実践の柱にするよう定まったのは、フォーカシングと出会ったからです。ちょうど大学院を卒業する春でした。そして、自分がフォーカシングすることと誰かのフォーカシングの助けになる聴き方を学ぶことや、PCAの講座やワークショップに参加したり書籍を読んだりすることを続ける中で、私なりのPCA理解が形作られてきました。

「パーソン中心」という言葉には、人が力を持っているということ（実現傾向）と、私たち一人ひとりが当事者であり、当事者であるその人を一人の主体的な人間として尊重するありようの両方の意味が込められていると思います。そして、PCAなあり方は、私にとって、学んで身につけたもので、今もまだ常に体現しているようにはなっていません。

そのような私がPCAに想いを巡らせて出てきたことを述べたいと思います。

私に聞いて！

PCAのことを想うと真っ先に浮かんでくる、自分自身が支援を受ける側として経験した、今も思い出すと胃のあたりが硬くなるエピソードを紹介します。二〇年近く前のことです。集団で行うある有名な心理手法の研修会に参加しました。そこでは私が取り組みたいことが取り上げられ、その手法のセラピストである講師の元、グループでワークをしました。講師は、私が取り組めるよう、いろいろとリードしていきました。ああしましょう、こうしましょうと。でも、私は私なりに、感じるところがありました。そのうち段々私は欲求不満と講師に対する不信感を覚え始めました。どうしてこの人は私に聞かないのだろう、指示ではなく提案してくれればいいのに、どうしたいか私に聞いて！

その時、なぜそう言えないままワークを終えたのか、今はよく憶えていません。言える関係性や場の空気があったならきっと言っていたでしょう。アサーティブでいるだけの勇気が自分になかったのでしょうし、対決することより回避することを選んだのだと思います。それがその時の私の選択でした。でも、今思い返して、もったいないことをしたなあという気持ちはありません。

クライアント、話し手、ワークの主、目の前にいる相手その人にとってどうであるか、その人がどう思うか、どう感じるか、どうしたいか、その人の意思の尊重、その人の選択権を保証すること、それが「パーソン中心」だと思います。その時の手法は、ＰＣＡ由来のものではありませんでした。そして、その手法であっても、「パーソン中心」なあり方でワークを行うセラピストはいるのでないかと思います。

この時の体験は、事の詳細は曖昧ですが「あの時の私に聞いて！体験」として、今も強く自分の中に残っています。どんな手法であっても、強いらないこと、断れること、どうしたいかワークの主が言えること、それを参加者としての私は期待しています。そして、講師等の立場を務める時にはそのように努めたいと思います。

質問する人の自由はどうなるのですか？

今度は、私が講師の立場で参加した研修会での出来事を紹介します。数年前のことです。ＰＣＡＧＩＰ法について概説し、私がファシリテーターを務めて実際にＰＣＡＧＩＰ法で事例検討を行い、体験的に学ぶ研修プログラムでした。ＰＣＡＧＩＰ法には「批判しない」というルールがあります。終了後、ＰＣＡＧＩＰ法で事例検討を行った際、メンバーとして質問する立場であった方から「質問する人の自由はどうなるのですか？」と問われました。参加者がなるべく自由に発言できるようファシリテーターは図ると言うけれど、自分は批判してはいけないと思うととても窮屈で自由に質問できなかったと。私は答えに窮しました。

どのように応答したか憶えていませんが、しばらくその問いについて考えました。確かにグループでは一人ひとりが大切にされる存在だ、自由と安全・安心、それがぶつかる時、どうしたらいいのだろう……ひと月経った頃だったか、あるいは、もうしばらく経ってからか、次のような答えが出ました。一番大切にされるべきは事例提供者、自由と安全・安心がぶつかるなら安全・安心優先。

答えが出た時のきっかけは憶えていないのですが、今振り返ると次のようなことが浮かびます。ＰＣＡＧＩＰ法の研修会に限らず、グループのファシリテーターをしたり、ワークショップなどで講師を務めたりする際には、参加者どなたにも等しく大切にされる体験をしていただきたい、そのために自分の最善を尽くす、けれど、現実として全ての人に満足していただけるとは限らない、それを受け入れる、そして、その時何を優先するかという判断を引き受ける、そういうことではないかと。

追い込む研修

これは比較的最近、学生である知り合いから聞いた話です。その知り合いは、ある研修に参加しました。それはあるプロジェクトに参加する準備のための研修でした。参加者は課題を出されそれに対して発表したり、面接を受けたりします。その時、研修する側から様々な質問を投げかけられたのですが、それが非常に一方的で、決めつけられたと感じるものだったそうです。参加者としては自分なりの考えや感じたことがあり、それを述べるのですが、研修する側の人々は少なからず受けとめたり理解を示したりすることなく、何度も同様のことが繰り返し起きたそうです。研修に参加した人たちの少なくとも半数以上が、非常に苦しく辛い体験をし、研修終了後も気分の重さや身体的不調が続いたと聞いています。プロジェクトへの参加を取りやめる気持ちが出た人もいたそうです。

話を聞いていて胸が痛くなりました。研修する側の多くの人は、目の前にいる参加者の存在を感じたり見たりしていないのだなあと思いました。参加者側からの話しか聞いていないので、研修する側にも言い分があるでしょう。揺さぶりをかけることで、参加者が自分を見つめ直し、より望ましいと研修する側が考えているようなプロジェクトに向かう心構えを持たせようとしたのかもしれません。しかし、ここで「中心」なのは参加者ではないでしょうか。たとえ前述のようなねらいだったとしても、その効果は得られているのか……効果は得られたとしても、それは参加者が苦痛を被るに足ることなのか……。

今でもこのような手法が取られていることに驚くとともに、人には実現傾向があり、今ここの関係の中でどのような自分でも受けとめられ共感的な理解を示されることで、それはよりよく発揮されるというロジャーズの考え方を、研修する側の方たちに、知ってほしいと思いました。

人が持つ力

誰かがフォーカシングする時の聴き手をする際に、まず大事なのは安心してしっかり今ここに、その人と共にいることです。プロセスが進展すること、人にはそういう力があることへのしっかりとした信頼がないうちは、時になかなか難しいことでした。私の転機は、友人から次のような話を聞いたことです。二〇一一年でした。

友人のお母さんは治る見込みのない病を抱えていました。病状が進み体調も良くなかったそうですが、友人が何をしたいか聞いたところ、ライブハウスへ行きたいとおっしゃったそうです。その望みを聞いて友人は驚いたそうですが、一緒にライブハウスに行き、お母さんは非常に喜ばれ、楽しい時間を過ごし、とても満足なさったそうです。友人とお母さんがそのような時間を過ごせたことを嬉しく思うと共に、友人がそのような大切な話をしてくれたことをとてもありがたく感じ、そのことを友人に伝えました。

かいつまんで私が書いた内容ではきっとお読みになっている方には伝わらないかと思うのですが、友人からその話を聞いた時の私は、身が震えました。死が間近に迫っても、人にはそのように楽しむ力があるのだ、何をしたら自分に元気が出るのかちゃんと分かるのだ、そういう力が人にはあるのだと。この話を聞いてから、人が持つ力を信じてしっかりと安心して聴き手としていられるようになりました。筋道の通る説明をすることはできないのですが、私にとっては人にある実現傾向に確かさを感じ、プロセスが進展することへのしっかりとした信頼を持つきっかけになったエピソードです。

グループ体験

グループ体験について少し述べたいと思います。

先に書いたように、学部生時代から必要を感じてベーシック・エンカウンター・グループなどに参加してきました。グループに出始めた頃は、その場にどういていいのか、他のメンバーとどう関わっていいのか、全く分かりませんでした。この言葉に表れているように、その頃の私は、その場に相応しい振る舞いをすることがよいことと考え、それをしようとしていたのだと思います。つまり、外的な基準や規範を想定し、それに照らした良し悪しを考えていたのだと思います。居心地の悪さを感じたとしても居づらくはなく、ある種落ち着いてグループにいられるようになったのは、フォーカシングと出会い、自分自身とつながり実感とともにいることを知り、自分自身でいていいという感覚を掴んでからでした。また、「パーソン中心」ということは、誰もがそれぞれ中心ということで、人それぞれの一致的応答が交わされます。誰かの一致的応答を受けとめられる自分でいるには、フォーカシングを通して自分自身でいることができるようになることが必要だったとも思います。

最近、とある学会のベーシック・エンカウンター・グループ類似のグループに参加しました。それはその時だけの一日のグループでした。事前に誰がファシリテーターで誰がメンバーであるか分からないグループに参加するのは、私にとって久しぶりなことでした。会場に近づくにつれ緊張が高まり、グループが始まった時には吐き気がしていました。のちに、そのグループ体験を振り返った時、吐き気がするほどの緊張を感じたにもかかわらず、参加をやめようという気持ちには全くならなかったことに気づきました。そして、グループに楽しみを感じている自分、好きになっている自分に気づきました。グループが苦手だからこそ自分には必要と思い長年参加し続けてきたので、これは思わず笑ってしまうほどの驚きでした。今、こうして書いていると、グループに対して信頼する気持ちがあることを感じます。

話ができて、それを聞いてもらえること自体が、とても力になると実感しています。これは、自分がグループにメンバーとしている時もそうですし、グループのファシリテーターとしてもメンバーさんたちに感じます。（もちろんフォーカサーとして聴き手がいてくれるセッションをしている時も！）安心して他では話せない話ができること、それを否定も批判もされず関心を持って共感的に受けとめてもらえること、自分だけではないのだと思うような他の人の話が聴けること、話したいように話せることのありがたさ、自分とは違う人がそこにいることの恵みと感謝を覚えます。

聴き合う社会であったら、きっと生きづらさはもっと減り、より活き活きと生きることができるのではないかと思っています。もっとも、日常のやりとりの中で、家族に対して、あるいは、気安くいられる人に対して、聴く態度を持つことの難しさも感じています。仕事の時にはそういう心構えで臨みますが、生活の中で、気持ちを聴くべき時は不意に訪れます。それも何かをしていたり、時間を気にしたりしている中で。しっかりそこにいて、今、目の前にいる人、今、話している相手に対して「パーソン中心」でいること、日常が本番、生活の中で実践することを覚えたいと思います。

ＰＣＡを伝えるならその場もＰＣＡ的に

私は、ファシリテーターやワークショップの講師をする時、「パーソン中心」を実践するために心がけていることがあります。それは、質疑や振り返りで何か話し合った後には必ずそのことを発言した人に戻して、どう感じるか、何か言いたいことはないかなど、その人が発言できる機会を設けるということです。例えば、ＰＣＡＧＩＰ法で事例検討しているなら事例提供者に、フォーカシングのセッションについてならフォーカサーに、質疑であれば質問した人に、シェアリングであれば発言元のその人に。

これは、「中心」であることをその人から外さないようにするためで、その人を尊重することを行動で示すことですが、それだけではなく、そのプログラム自体をＰＣＡ的にファシリテートするためです。「パーソン中心」のありようを伝える場では、伝えようとしている私自身が「パーソン中心」のありようでいることが大事で必要なことだと考えるからです。これをどんな場でも行うことには、難しさを感じています。メンバーと親密度が高かったり、指導的な側面が強かったりする場では、そして、時間的な余裕がない時には、終わった後で、あー、しまった！と思うことがあります。そのような場でも常に実践することが課題です。

おしまいに

今回の原稿を書くにあたり、「私にとってＰＣＡとは？」というテーマで、一人でフォーカシングしてみました。

「私にとってＰＣＡとは？」という問いを保持しながら何が感じられているかなあと注意を向けてみると、胃のあたりにある「重みのある温かさ」に気づきました。「重み」に含まれていることはどんなことか感じてみると出てきたのは、そこに人がいるという存在の重さと、今ここの相互作用とほんもの・誠実（ジェニュインネス）による一期一会でした。「温かさ」には、感じているという体験的深さでの人と人のつながりと、受けとめられているという感じが含まれていました。この感覚全体にとどまっていると、自分自身でいられる安心感、隠さなくていいという開放感、安らぎを感じ、なんでも言えるという感覚を覚えました。そして、この感覚はのびのびするもので、活力やエネルギーが湧いてくる感じがしました。そして、太陽が昇り、あたりが照らされるイメージを伴いました。それを感じていると、雲があっても大丈夫という安心感が出てきました。雲は、気がかりや困難を指し示しているようです。そして、背筋が伸びる感覚が起こり、それは、さあ、動き出そうとでも言っているようで、私には、責任を持って主体的に生きるということの象徴のように感じられました。これらのプロセス全体を振り返ってみると、出てきたことはＰＣＡな関係性、環境が、私にどのような影響をもたらすかを表しているように思います。そして、それは、私にとって、欲しかったものであり、今は望めば手に入るものであり、自分自身も提供していきたいものです。

次に、ＴＡＥ（シンキング・アット・ジ・エッジ）の手法を応用して、より広い全体を感じるようにしてみました。すると、上述には含まれていない感覚が出てきました。それは、ありのままの自分を見ることやどうコミットするかを問われるといった厳しさ的なこと（「厳しさ」は感覚にぴったりとは言えないので、こう記しています）や、常に今自分がどうであるかに気づき続け応答し続けるというタフさ、そして、生きていることを寿ぐ感覚や生きている喜びでした。

ＰＣＡ以外からも積極的に吸収することやＰＣＡの外からＰＣＡを観る機会を持ちつつ、お互いが「中心」であることに敬意を持ち、誠実に応答し合いながら、進展が起きることを喜び合うやりとりをしていきたいと思います。

傾聴（リスニング）について

大澤美枝子

私のＰＣＡ体験

一九七一年、私はカウンセラーとしてのキャリアをスタートした。アメリカ留学から帰国後、日本相談学会（現・日本カウンセリング学会）や全日本学生相談研修会等に参加し、クライアント中心療法で信頼できる先生や仲間に巡り会った。

一九八六年、勤務校から七〇日間の研修休暇をいただいて再びアメリカに行ったことから、私にとって新しい世界が開けた。一応ロジャーズ派として活動していたので、まずカール・ロジャーズの大規模なエンカウンターグループ「ラホヤ・プログラム」に三週間参加し、そして、ちょうど村瀬孝雄先生が始めたフォーカシング勉強会に入れていただいたので、シカゴから引っ越したばかりのアン・ワイザー・コーネルをオークランドの自宅に訪問したり、シカゴのユージン・ジェンドリンの「フォーカシング・ウィークロング」に参加した。また運よく九月にシカゴでカール&ナタリー・ロジャーズも参加していた第一回パーソンセンタード・アプローチ発展会議（ADPCA）にも参加することができた。

帰国後、海外に何か発信したいとの思いから、志を同じくする仲間、清水幹夫、久能徹、林幸子、末武康弘、のちに諸富祥彦の諸氏を誘って、ロジャーズ・プロジェクトを立ち上げた。その頃、久能徹が『臨床心理学研究』に「ロジャーズとロジャーリアン」という論文を連載していたことから、日本の状況を海外に届けたいと、一九九二年に「日本におけるクライアント中心療法とパーソンセンタード・アプローチ——歴史的発展、現状および展望」をアメリカ人間性心理学会誌に投稿した。

一九九四年にはオーストリアで開催された第三回世界クライエント中心療法・体験過程療法学会（WAPCEPC）で「友田不二男の仕事とその文化的含意を通して見たクライアント中心療法の再評価」を発表し、一九九八年、アメリカ人間性心理学会誌に掲載された。この日本語訳および海外に及ぼした影響については、『友田不二男研究』（二〇〇九）における末武康弘の「友田不二男氏の仕事についての国際的な理解と評価」をご参照いただきたい。

ロジャーズ・プロジェクトはさらに、一九九七年にポルトガルのリスボンで開催された第四回WAPCEPCでも「連句とクライアント中心アプローチ」を発表し、この論文は二〇〇〇年にアメリカのパーソンセンタード・ジャーナルに掲載された。

二〇一七年に私は偶然カール・ロジャーズのお孫さん、アン・ロジャーズと会食をする機会に恵まれ、これら三本の論文はナタリー・ロジャーズの娘、フランシス・ファックスが管理するロジャーズ・トラストのアーカイブに保存されることとなった。ウェブサイト（http://www.carlrogersphd.com/）を開くと、日本間で着物姿のナタリーと父カールの写真を楽しむことができる。

クライアント中心とは

諸富祥彦の「ブライアンの真空」という論文を読んでいただいたことから、私たちは、晩年の友田不二男氏と活動を共にするようになった（日本カウンセリング・センター編、二〇〇九参照）。

友田は、一九四八年にカール・ロジャーズの『カウンセリングとサイコセラピー』（Rogers, 1942）に出会う。当時、友田は東京文理科大学（現・筑波大学）で学生相談に携わっていたが、助言を与えるだけの傾向に行き詰っており、ロジャーズの非指示的、クライアント中心のカウンセリングに衝撃を受け、その後二〇年あまりをロジャーズの研究と実践に費やすことになる。「ブライアンの真空」で諸富は、友田がロジャーズの『カウンセリングとサイコセラピー』

(Rogers, 1942) の翻訳（一九六七）で、「ハーバート・ブライアンのケース」に付けた長い訳注を解説した（二〇〇五）のである。すなわち、クライアントのブライアンは、「ぼくは自分で治すような努力をしたい」「変化や成長は真空中で起こりうる。ひとりぽっちで黙想のようなものだ」と述べているが、ロジャーズと思われるカウンセラーは否定的な応答をしている。友田はそれを批判して、人間が変化し成長するのは「ひとりぽっちでいるとき」で、カウンセラーの役割は、クライアントをひとりぽっちの状態にしてあげることだと述べている。

私は友田の考えが、クライアントとの対話を重視したロジャーズよりも、むしろジェンドリンのフォーカシングに似たところがあると思って質問してみたが、友田はジェンドリンもフォーカシングも知らないとのことだった。

ジェンドリン（たち）は、たくさんの事例を検討した結果、クライアントが自分の内側の何かに気づいて、内側に注意を向けながら発言する場合、たいていのセラピーは成功することを発見した。フォーカシングとは、その内側の何かに焦点を当てながらプロセスを進めることである。クライアントは自分の内側でその何かと会話しながら問題を解決していき、カウンセラーはそれを援助するのである。

友田は、クライアントが本当の気づきに至るのは、彼がひとりぽっちでいるときだと説き、カウンセラーの役目は、クライアントが安心してひとりになれる場を提供することだと言う。

人の内面には、真の自己のまわりに大勢の他者がいて、批判したり助言したり、邪魔が入るので、本当にひとりぼっちになるためには、それらの他者を引き受けてくれるカウンセラーが必要となる。友田のクライアントが、「あれ、先生いるんですね。私が話をすると、いつの間にか先生は消えていなくなる」と言ったり、前回の録音テープを聴かせてほしいと言ったクライアントが、「おかしいなぁ、先生は口をきいていたんですね」と言うのである。

相互作用の関係

友田にとってカウンセリングとは、二人の人間がいっしょに何かをやることであり、「人間的な接触」「互いに触れ合うプロセス」「接触のプロセス」である。人間にはちゃんとやっていける何か「基本的な力」「能力」「資質」が備わっているという思いがあるので、カウンセラーはクライアントが最大限にしたいようにすることができるような「場」や「関係」や「雰囲気」をつくることに専念する。

ではクライアントが自由に何も気にしないで自分に集中していられるために、カウンセラーはどんなふうにクライアントの前にいればいいのか。

私は一九八六年から一九九六年の十年間、ジェンドリンがまだニューヨークに移る前まで、何か新しいワークショップがあるとシカゴに出かけていた。「クリアリング・ア・スペース」

とか「フォーカシング的態度」とか「バックグラウンド・フィーリング」とか、後半はもっぱら「夢とフォーカシング」になったが。あるとき、「インターアクショナル・スペース」というワークショップがあった。「相互作用のための安全なスペース」という意味だろうか。私がシカゴから帰ると、村瀬先生がお電話をくださり、「どうでしたか?」と聞かれる。私が、「相互作用のためにはスペースが必要で、そのスペースはほとんどクライアントのものだけど、カウンセラーも少しだけスペースがほしいというようなことだった」とお伝えすると、先生はすかさず、「あー、自己一致ですね」と言われた。私は、そういうことかと思わず納得したのだった。

「自己一致」とは、ロジャーズが提示した有名な「カウンセラーのための必要にして十分な三つの条件」(Rogers, 1957)のうち、もっとも重要視されるものである。「カウンセラーはクライアントの前で、嘘偽りなくありのままの自分自身であり、生きているひとりの人間として存在していること」である。そのためには、まずカウンセラー自身が安全に安心してクライアントの前にいることができなければならないだろう。

ちなみに、三条件のうち二つ目、無条件の積極的関心とは、カウンセラーはクライアントを評価したり批判的に見たりしないで、条件なしで丸ごと受けとめて、できるだけ積極的に好意的に興味関心を向けていること。

三つ目、共感的理解とは、カウンセラーはクライアントの内的な体験を共有し、あたかもその人であるかのように感じながら、感じたことを言語化して伝え、理解できているかどうかを確認しながらいっしょにいること。

この共感的理解について、ロジャーズは後年になって、再検討を加えた（Rogers, 1980）。

体験過程

カウンセラーが共感的であることは、クライアントの変化、成長にとって大変重要な要因であることは長年認められてきたことである。ロジャーズの再検討というのは、その場合の共感的ということが、状態ではなくプロセスであると、定義を新たに修正して提示したことである。ロジャーズは一九八〇年の著書 *A way of being* で「共感」の章を設け、これまで提唱してきた「共感的態度」にしろ「反射」にしろ、何かそれらがクライアント中心療法の技法であるように誤解されたり、ただ真似られていたことを不愉快に思っていたと述べ、体験過程（experiencing）という用語に触れながら、「共感のプロセス」について過去をふり返りつつ現在の定義を整理している。八〇才にもなって、二〇年以上活動を共にしてきた後輩のジェンドリンを理解し尊重している柔軟さとか、なお新しい取り組みを続けるロジャーズのエネルギーはさすがである。

体験過程という用語は、ロジャーズが初期のころからクライアントとの実践において用いていたのであるが、ここでは改めて、ジェンドリンによって定式化された概念として使用している。「どんなときにも、人の生命体には体験過程の流れがあり、人は自分の体験の意味を発見するために、それをレファレント（照合体）として利用し、何度でもそこに立ち戻ることができる」（Rogers, 1980）。

ロジャーズはカウンセラーの共感のプロセスを次のように描写している。

「それは他者の個人的な知覚世界に入り込み、そこでとても居心地よくなることだ。それは、この他者の中に流れ、刻々と変化するフェルト・ミーニング［フェルトセンス（筆者）］に敏感になることだ、恐怖でも、怒りでも、優しさでも混乱でも、その人が体験しているなんであっても。それは一時的にその人の生（せい）を生きることだ（中略）それは感じていることの正確さを［クライエントと］頻繁に確認し、それに対する相手［クライエント］の応答によって導かれることになる。そうやって、この人の内的世界の自信をもった同行者（コンパニオン）になるのだ。相手の体験過程の流れにある可能な意味を指し示すことによって、また、この有用なレファレント［フェルト・ミーニング］について、人がフォーカスするのを援助することによって、その人は意味をもっとはっきり体験できるようになり、体験過程が前進するのだ」（Rogers, 1980）。

この引用を読んだとき、体験過程をジェンドリンよりもわかりやすく描写していると思って、私はいたく感動した。カウンセラーはクライアントの内側の体験を、自分も内側に入り込んで同行者としていっしょに体験しながらプロセスを進む。クライアントがまだ気づいていない意味を感じとって、伝えたり、まだ伝えなかったり、クライアントに確認しながら、クライアントがしっかりその意味に気づいて、次なる一歩へと前進する手助けをする。ここでカウンセラーは、居心地よくプロセスに同行していると言う。カウンセラーが居心地よくクライアントと向き合っていられる場合、自己一致であったり、無条件の積極的関心であったり、カウンセラーとしての条件が満たされているのであろう。

しかし、ロジャーズが共感のプロセスをクライアントと共にするとき、かなりカウンセラー主導であるようにも読み取れる。

しばしば引用されているジェンドリンの有名なフレーズを紹介しよう。

「クライアントと私は、そこにある**それ**（フェルトセンス）と共にいようとします。おびえている子どもと共にいるように。**それ**を押さえつけたり、議論したり、拾い上げたりするのではありません。なぜなら**それ**は非常に傷ついており、非常におびえており、緊張しているから。ただ静かにそこに座り……あの縁（エッジ）が一歩を生みだすのに必要なものは、ある種の非侵入的な接触、あるいは共にいることなのです。もしあなたが意識（アウェアネス）をもってそこに行き、そこにとどまり、あるいはそこに戻るなら、それだけが必要です。あとは**それ**がすべてやってくれます」［ゴチックは筆者］（Gendlin, 1988）。

ジェンドリンは、クライアントとカウンセラーの相互作用のプロセスにおいて、クライアントは自分の内なるクライアント（フェルトセンス）との内的なコミュニケーションを行い、カウンセラーはそれを助け、分かち合う援助者であるときに、人格変化が生じると言う。体験過程を進める主役はカウンセラーではなく、クライアントである。やさしく、十分間を取りながら、内側のプロセスをクライアント自身が進めていけるように、カウンセラーは生きているひとりの人間として、ただクライアントといっしょにいながら援助する。

ジェンドリンに The client's client という論文がある（Gendlin, 1984）。カウンセラーは聴き手として、ロジャーズの三条件を学び、さまざまな技法を練習し、経験を重ねているはずである。ジェンドリンは、カウンセラーがクライアントにしていることをクライアントに教えたいと願った。クライアント自身が自分のカウンセラーになって、自分の内なるクライアントの良い聴き手としてプロセスを進められるようになってほしい。クライアントが自分のカウンセラーになれれば、それこそがまさにクライアント中心療法であろうと言う。

体験的傾聴

傾聴と言う場合、単なる日常会話や会議での話し合いとは違って、それなりの時間や場を設定したところで、話し手は自分の内面を語り、聴き手はそれに聴き入るということであろう。

私はこれまでにも、傾聴についてはさまざまに検討してきたが、今回は、「カウンセラーは、体験過程というクライアントの内なる生体のプロセスに語りかけ、そこからの応答に注意を向け、反応を確かめながら、クライアントが気づきや発見を体験する過程を、同行者となって進めていく」というリスニング方法について述べたいと思っている。池見陽の表現を借りれば（池見、二〇一七）、リスナーがクライアントの体験過程を追体験（re-experiencing）するリスニングと言えるかもしれない。いわゆる体験的傾聴であろう。

体験的とは、体験過程に触れ続けているという意味である。体験的傾聴とは、カウンセラー（リスナー）は、自分の内なる体験過程に触れ続けながら、同時に、クライアント（フォーカサー）の内なる体験過程の同行者として、寄りそい、援助するということである。

ロジャーズは、「他者の個人的な知覚世界に入り込み、そこでとても居心地よくなることだ」と言った。ジェンドリンは、「ひとりの人間としてただいっしょにいる」、そして「クライアントと私は、そこにある**それ**（フェルトセンス）と共にいようとする」と言った。

私は、自分のリスニングについてぴったりの言い方を見つけるワークで、「ここにいて、そこにいる」という言い方を見つけた。カウンセラーがクライアントに向きあっているとき、カウンセラーは「ここ」にいて、自分自身のプロセスを体験しており、同時に、「そこ」にいるクライアントの内的体験のプロセスにもぴったり寄りそって、いっしょに体験しているようなイメージである。「体験過程的傾聴」、あるいは「パーソンセンタード・リスニング」と呼んでおこう。

寄りそう場合、カウンセラーは半歩下がって寄りそう。語りかける場合、カウンセラーはクライアントの内なるクライアント（フェルトセンス）に語りかけるような話し方や声音で、半歩下がって話す。声は少し小さめに、スピードは少し遅めに、興奮している場合は少し抑えめに、沈んでいる場合は少しハリのある声で、間をとってもらいたいときはとてもゆっくり間をとってもらえるように……。

そしてカウンセラーは、自分の気がかりをケアしたり、時間やまわりのことを気にしたり、自分が今ここにいることに気づいている。自分との間がとれている。マインドフルネスの態度で、という言い方もできよう。その上で同時に、自分がクライアントの内的体験のプロセスの同行者になって、クライアントの内面に向けて言葉を発している。そうするとクライアントの声音も変わってきて、自分の内側に向かって言葉をかけたり、内側の声を聞こうとする。

このようにカウンセラーはクライアントに寄りそっていっしょに体験しているわけだが、当のクライアントは、違和感なく自分のプロセスに集中しており、カウンセラーの存在をほとんど意識しないで自分ひとりでプロセスを進めているようなイメージが好ましいだろう。

体験過程、すなわち感じの流れは、言葉をかけられると反応する場合がある。その反応を内側の声と言っているのだが、内側の声とはフェルトセンス（フェルトミーニング）と呼ばれる。クライアントはそのフェルトセンスの感じを、ピッタリの言葉やイメージで言い表そうとする。言語化、象徴化により、そのフェルトセンスはさらにくっきりしてきて、より明確に意味を伝えてくれる。クライアントの内側でこのようなプロセスが進み、何か大切な気づきや発見があったら、感じ（フェルトセンス）が変化する。変化するとたいていの場合、からだがちょっとゆるむとか、ほっとする感じがある。そしてそのあと、新しい一歩が生まれ、プロセスは進む。ステップとかシフトと呼ばれる。この一歩を積み重ねながら、クライアントのプロセスは前進する。

会話はたいてい、クライアントが話し、カウンセラーはその発言をできるだけ言いかえないで伝え返す。絶対傾聴とも言われる。特に大切なキーワードは言いかえないでそっくりそのまま、ちょっと間をとって、クライアントがじっくり感じを確かめられるように伝え返す。

あるいはカウンセラーは、確認したり、問いかけたり、プロセスが前に進むように声をかける。そのカウンセラーの問いかけや提案は、あまりきっぱりではなくややあいまいな言い方で、クライアントが無視したり拒否したりしてもいいようなつもりで発する。

しかし改めて気づいたことだが、ロジャーズが指摘するように、クライアントのプロセスの繊細な変化を、たぶんカウンセラーのほうがクライアントよりも先に気づくことが多いだろう。カウンセラーの声かけは、クライアントのプロセスが一歩を生み出すよう願ってのことだが、そんなふうにカウンセラーのほうがクライアントの発言を選んで伝え返したり、問いかけや提案をするということになるわけだから、カウンセラーにはかなり責任があるということになる。

クライアント中心のカウンセラーは、クライアントができるだけ自分に対して納得して、責任ある自立した人であることを願っているが、カウンセラー（リスナー）とは責任を伴うものであることをもまた、しっかり受けとめておく必要があるだろう。

最後に、私がリスナーをしたフォーカシング事例の一部をご紹介したい。セッションは、フォーカサーが体験している二つのプロセスがテーマとなっている（注：事例の紹介については、本人の了解を得ている）。

上述の説明をイメージしながら、特にリスナーの部分をゆっくり読んでみてほしい。

［フォーカシングの事例］

L：リスナー　F：フォーカサー　**数字**：発言番号　（　）：Fのふり返り　〈　〉：Lの解説

L80：今どんなところにいるみたいでしょうか。〈問いかけ〉
F79：はぁ……うん。えー……今、この前の時に出てきた、ワンダーチャイルド・イメージがあって、それは、うん……力強い感じが、あるんですよね。
L81：うん。ワンダーチャイルド……〈伝え返し〉
F80：ええ、いがぐりの、男の子のイメージが。なんかそれは、色んな事に、こう、こなせてるというか、色んなことを俯瞰、俯瞰して見ている、のかなぁ……。こなせてるときのイメージとつながっていて、一方で、んー……まぁまぁまぁ、老人のイメージというか。えー……そうですねぇ。年老いてから、大一番に臨む人みたいな。そんな感覚なのかな。
L82：うん。ちょっと言ってみて、感じてみてください。年老いてから大一番に臨む人、の感じかなぁ……。〈提案、とてもゆっくり〉
F81：うん、なんか、その老人のイメージといっしょにいると、その先をイメージできないんですよね。……そっか……一五秒の間……（この瞬間が、一番、自分を見た気がしました）

L83：何か感じていますか。〈問いかけ〉
F82：いや、急に涙が出てきて。（うん）……うん……そっか。いやぁ……。なんかね、老兵が戦場に向かうみたいな感じかなぁ。（うん）なんか、こう生きて帰れないんではないか、みたいな。（うん）えー……うん。
L84：そう言いながら……何か……自分の、ぴったりした感じみたいなのはあるんでしょうか。〈確認〉
F83：……その老人のイメージといっしょにいると、ゆったりした感じではないですね。（うん）ただ、ああ、そうなのかぁという感覚があって、
L85：何か、今の自分と重なるような感じなんでしょうか。〈問いかけ〉
F84：そうですね。本当に具合が悪いときの自分は……うん。そうですね。子どもが大きくなって一人前になるまで、もたないんじゃないかっていう……感じがあって、えー……うん……なんか、途中で力尽きるような感じがして、うん。（本当の息子と、自分の内なる子どものどちらも、支えてやれない、悲しさが、浮かんできます）

●文　献

Gendlin, E. T.（1984）The client's client: The edge of awarenes. In R. L. Levant & J. M. Shlien（Eds.）*Client-centered therapy and the person-centered approach: New direction in theory, research, and practice.* Praeger.〔ジェンドリン・E・T／久羽康・吉良安之（訳）（二〇一五）「クライアントのクライアント：意識の辺縁」 http://www.focusing.org/jp/clientsclient.pdf〕

Gendlin, E. T.（1988）The small steps of the therapy process: How they come and how to help them come.〔第一回WAPCEPC基調講演。ジェンドリン・E・T／池見陽・村瀬孝雄（訳）（一九九九）『セラピープロセスの小さな一歩：フォーカシングからの人間理解』金剛出版に所収〕

池見陽（二〇一七）「体験過程が心理療法論に及ぼす根本的なインパクト：二種の交差の検討」 http://www.akira-ikemi.net/ewExternalFiles/2crossingsJP.pdf

日本カウンセリング・センター（編）（二〇〇九）『友田不二男研究：日本人の日本人による日本人のためのカウンセリング』日本カウンセリング・センター

Rogers, C. R.（1942）*Counseling and psychotherapy: Newer concepts in practice.* Houghton Mifflin.〔ロジャーズ・C・R／友田不二男（編訳）（一九六六）『カウンセリング（ロージァズ全集二巻）』／友田不二男（編訳）（一九六七）『カウンセリングの技術：ハーバート・ブライアンの例を中心として（ロージァズ全集九巻）』／末武康弘・保坂亨・諸富祥彦（共訳）（二〇〇五）『カウンセリングと心理療法：実践のための新しい概念（ロジャーズ主要著作集一巻）』岩崎学術出版社〕

Rogers, C. R.（1957）The necessary and sufficient conditions of therapeutic personality change. *Journal of Consulting Psychology, 21,* 95-103.〔ロジャーズ・C・R／伊東博（編訳）（一九六六）『サイコセラピィの過程（ロージァズ全集四

巻)』岩崎学術出版社／カーシェンバウム・H、ヘンダーソン・V・L（編）伊東博・村山正治（監訳）（二〇〇一）『ロジャーズ選集：カウンセラーなら一度は読んでおきたい厳選三三論文（上・下）』誠信書房〕
Rogers, C. R.（1980）*A way of being.* Houghton Mifflin.〔日本語での引用部分は、池見陽（二〇一七）「体験過程が心理療法論に及ぼす根本的なインパクト：二種の交差の検討」より〕

私なりのパーソンセンタード・カウンセリングへの道

吉原　啓

パーソンセンタード・アプローチ（以下ＰＣＡ）の創始者であるロジャーズは、『治療的人格変化の必要にして十分な条件』（Rogers, 1957）にて、カウンセラー側の条件として、「受容」「共感的理解」「一致」について述べていますが、これら三つの条件で示される態度をどのように身につけていくかについては、全くと言っていいほど述べておりません。そのせいもあってか、ＰＣＡの理念に共感し、ＰＣＡのカウンセラーを志したはよいが、どのようにしてその態度を身につけていくとよいかが分からず困ってしまった初学者は多くいたのではないでしょうか。かく言う私もそのうちの一人でした。そこで、私がこれまでいかにＰＣＡを学び、私なりのＰＣＡをどのように形作ってきたかについてのプロセスを紹介することにより、ＰＣＡのカウンセラーの態度を身につける道筋の一例を示せたら、と考えております。

ＰＣＡとの出会い

まず、私のＰＣＡとの出会いから述べていきます。学部二年生の頃に大学の図書館で、ある一冊の本をふと手に取ったのが私のＰＣＡとの出会いでした。その本のタイトルは、『人間性心理学とは何か』（畠瀬編、一九九六）です。この本に出会うまでの私は、カウンセラーになりたいという思いはありながらも、しっくりくる理論には出会えていませんでした。この一冊の本との出会いから、ロジャーズに関する書籍を読み始め、ＰＣＡの道を歩み始めました。

そして、卒業論文では、私自身が研究対象者として、ＰＣＡとの出会いとなった書籍の編著者であった畠瀬稔先生がメインのファシリテーターを務める三泊四日のエンカウンター・グループ（以下ＥＧ）に参加し、自己開示の変容についてまとめました。この研究の目的は、ＥＧ体験が、カウンセラーの三条件の一つである「一致」を高めることに役立つかを検証することでした。私の自己開示の変容としては、参加当初は表面的な発言に終始していたのが、セッションが進むにつれて率直な発言が見られるようになり、最終日には、対人関係における悩みについての自己開示を行っていました。このＥＧ体験は、あるがままの気持ちを表現しても受けとめてもらえるという安心感を実感する機会となり、「一致」を高めることに寄与したという点で、私のＰＣＡのカウンセラー養成の第一歩となりました。

英国のＰＣＡのカウンセラー養成コース

大学院でＰＣＡのカウンセラーとしてのトレーニングを受けるために、英国のイーストアングリア大学大学院に留学をしました。英国の大学院は、修士課程は一年間で修了するため、研究を中心にカリキュラムが組まれています。そのため、私は修士課程ではなくディプロマコースという日本で言う専門職大学院のような実務型専門家養成コースに入りました。

ここで、私が受けたディプロマコースについて紹介したいと思います。このコースは、人間的な成長に重きを置いており、グループ体験を重視しています。コースのメンバー及びスタッフ全員でＥＧを行うコミュニティ・ミーティングが週に二回行われ、メンバーを二つのグループに分けて行うパーソナル・ディベロップメント・グループ、スーパーヴィジョン・グループ、スキル・トレーニングが週に一回ずつ行われます。この他に、私を含めたメンバー四名で相互支援するスタディ・グループを必要に応じて実施していました。さらに、ＰＣＡの理論やその他の理論についての講義も行われるのですが、この講義の時間も講師の話をただ聞くのではなく、メンバーの実体験に基づく活発な議論が行われ、そのやり取りはＥＧのような雰囲気で行われていました。つまり、コースのプログラムのほとんどがＥＧのような空気のもと行われていたという印象でした。

これら「グループ」の他に、カウンセリング実習を最低でも百セッション行う必要があり、個別スーパーヴィジョンも週に一回受けていました。実習に関する課題の一つに、カウンセリングセッションを録音・逐語化し、そのセッションにおけるカウンセラーとしての自分の良さについて自己評価するというものがあり、この課題を終えるのが最も苦労しました。

このようなコースのプログラム以外では、私自身の悩みについてのカウンセリングを受けたことも、ＰＣＡのカウンセラーとしての成長に役立ちました。イーストアングリア大学のカウンセラーは全員がＰＣＡのカウンセラーなので、ＰＣＡのカウンセリングを受けることができ、クライアントがどのような体験をしているかを肌身で感じることができたということ、そして、秘密が守られるという安心感が、クライアントにとってどれだけ大きな意味を持つものかを体感することができました。

そして、ディプロマコースの中で、ＰＣＡの理念が表れている特徴の一つと私が感じているのが、コース修了について、スーパーヴァイザーや他のメンバーの意見を取り入れつつ、自己評価で決めるという点です。二年間（通常は一年ですが、私の場合はカウンセリング実習時間が足りなかったため一年間延長することになりました）にわたって、様々な場面で自分に向き合う作業をしてきたことで、修了を決めるための自己評価が自然と自己一致したものになっていました。これは、私だけでなく他のメンバーにおいても同じで、自主的に修了を延期する人もいました。このように、コース修了時に各メンバーが自分に対して真摯に向き合い、自分に正直になっていったのは、ディプロマコースが大切にしているグループ体験の影響が大きかったからだと思います。

ここで、私のグループ体験について紹介します。メンバーの自己開示に対して、他のメンバーが暖かく、率直なコメントをしている姿をコースの様々な場面で目にするうちに、私自身の思いを伝えたい思いが強くなっていきました。そして、私の思いを言葉にした時に、他のメンバーがしっかりと受けとめてくれたことにより、他のメンバーやグループへの信頼感がより高まり、飾ることのない素の自分でいられるようになっていきました。ロジャーズが晩年重要視するようになっていた「一致」を高めるうえで、ＥＧでの体験はとても大切なものだということを、前述の卒論でのＥＧ体験やディプロマコースでの体験から実感しております。ＰＣＡに興味を持って、これからカウンセリングを学ぼうと思っている方には、まずは一度ＥＧを体験してもらいたいと思います。

フォーカシングとの出会い

ディプロマコースに入るまでは、カウンセリングについて書籍から学ぶことがほとんどで、私のカウンセリング経験はほとんどないに等しい状態でした。コース開始当初の私は、ＰＣＡの理念に共感しながらも、どのように実践したらよいか分からずにいました。なかでも、共感的理解については、「相手が思っていることや感じていることを、相手の立場に立って想像することはできても、共感することは難しい」と考えていて、見よう見まねで必死に共感しようと試行錯誤を繰り返していました。

そんな時に出会ったのが、ジェンドリンが開発したフォーカシングです。ジェンドリンの弟子であるアン・ワイザー・コーネルの『やさしいフォーカシング』（大澤・日笠訳、一九九九）を読んだ時に、フォーカシングが、カウンセラーの態度条件を形にする道筋を示してくれているように私には思えました。私は、クライアントの話を聞いている時に、自分の内側に起こってくる言葉にならない曖昧な身体感覚（フェルトセンス）に注意を向けて、その身体感覚を共感的理解に活かすというやり方で、カウンセリングを実践してみました。その結果、クライアントと共にいる中で感じることを活かした理解ということで、私にとっては、「これこそが共感的理解だ」と感じられました。

また、自分の身体の感じに注意を向けていくという方法は、英語でのカウンセリングにおいてクライアントの話を聴く際、言葉の意味を理解しようとして、知的な理解になりがちでセッションが深まらなかった私にとって、言葉の奥にあるものに注意を向けることにも役立ち、非言語コミュニケーションを活かしたカウンセリングという私なりの英語でのカウンセリングを形作る点においても有益でした。ＰＣＡのカウンセリングをどのように行ったらよいか分からずにいた私にとって、フォーカシングとの出会いがなければ、ディプロマコースを修了することは難しかったと思います。

フォーカシング実践によるカウンセラー態度養成

ディプロマコース修了後、日本に帰国し、公立の小・中学校のスクールカウンセラーや、教育相談員として働きながら、イーストアングリア大学大学院の修士号を取得するために、年に二回スーパーヴィジョンを受けるために渡英するという、通信制のような形で修士論文の執筆を行い、私自身のフォーカシング体験によるＰＣＡのカウンセラーとしての成長過程を質的研究にてまとめました（Yoshiwara, 2007）。ここでは、私の修士論文の内容を紹介することで、フォーカシング実践が私のＰＣＡのカウンセラーとしてのあり方にいかなる影響を与えたかについて述べていきたいと思います。

フォーカシングについての知識も経験もない留学初期のカウンセリングセッションを第一期とし、フォーカシングについての知識を得たうえで、自分なりにカウンセリングにフォーカシングを適用していた留学後期のセッションを第二期とし、フォーカシングを定期的にフォーカサーとしてだけでなく、リスナーとしても実践し、自分のフォーカシングセッションを録音・逐語化し、フォーカシングのスーパーヴィジョンを受けるというサイクルを繰り返した後に実施したカウンセリングを第三期としました。そして、各期のカウンセラーの三条件の尺度の評定結果と、セラピスト用体験過程スケールの評定結果の推移を検討しました。結果は、第一期よりも第二期、そして第二期よりも第三期と、全ての尺度において得点が上昇していました。

フォーカシング実践によるPCAカウンセラーとしての成長への効果の一つとして挙げたのが、フォーカシングの実践を重ねたことによる「人間の持つ成長する力（自己実現傾向）」への信頼の高まりです。PCAにとっては基本理念と言えるものですが、第二期までの私はクライアントの持つ力を信じきれないところがありました。フォーカシングを実践する中で、身体からのメッセージに耳を傾け、しっかりと受けとめることにより新たな生の促進が生まれる体験を積み重ねていくことにより、人間の持つ潜在的な力への信頼が深まり、PCAのカウンセラーとして「腰が据わった」ことが、三条件の向上に寄与したと思われます。

また、ジェンドリンが The client's client（Gendlin, 1984）という論文の中で述べているように、フォーカシングにおけるフェルトセンスに対するフォーカサーの態度は、PCAのカウンセラーがクライアントに向ける態度と同じものだと私は考えております。つまり、フォーカシングを実践することは、自分の中にあるフェルトセンスというクライアントに対して、PCAのカウンセラーと同じ態度を向ける体験をすることになります。そのため、フォーカシングの実践は、人間の持つ潜在的な力を実感することに寄与するだけでなく、PCAのカウンセラーのありようを体験的に理解する機会にもなっており、私のＰＣＡのカウンセラーとしての成長において欠かすことのできないものと言えます。

カウンセラー・センタードになっていた時期

修士号を取得してから二年後に、縁あって学生相談のカウンセラーとして働かせていただけることとなりました。学生相談カウンセラーとしての実践を続けてきた中で感じた、私自身のＰＣＡのカウンセラーとしての変化について述べたいと思います。

学生相談を始めて数年は、クライアントの状態を見て、私の関わり方を変えるということはできておらず、良く言えば、「クライアントの主体性を尊重した」関わり方、実際は、クライアント任せで自分本位なカウンセリングを行っていたように思います。その結果として、中断ケースが多くなる時期がありました。「大学生だから、自らの課題に主体的に向き合い、言葉にしていくことができるだろう」という考えが私の頭のどこかにあったのだと思います。ある程度主体性がある学生であれば、当時の私のカウンセリングでも問題はなかったのかもしれませんが、主体性が育まれていない学生や、来談の動機づけが弱い学生にとっては、自分には合わないと感じ、中断となっていたと思われます。当時の私の目はクライアントではなく、自分に向いてしまっていて、私が考える「ロジャーズ理論」に私自身が縛られていました。

また、来談した学生が自分の身体に目を向けることがうまくできていないように感じられた時に、身体の感覚に注意を向けてもらうために、身体の感じについて尋ねることがあります。その際、その学生が身体のことではなく他のことについて話したいと思っている場合は、カウンセラーである私との間にズレが生じます。このような状態は、ジェンドリンがセラピーの中でフォーカシングを教える際の問題点として述べている次のような状況と同じだと言えます。

セラピストがいったんフォーカシングを知ると、クライエントが同じところで堂々巡りをしているのを聴き続けるのは難しくなる。暗にそこにあるフェルトセンスにちょっと注目しさえすれば、問題の糸口がつかめて次に進めるのにと思ってしまうからである。いつもこの誘惑のままに動いてしまうと、セラピストはフォーカシング以外には興味も示さないし歓迎してくれないとクライエントは感じてしまう。（Gendlin, 1996）

私としては、当該学生のためだと思ってやっていたのですが、その学生の状態や能力、思いを考えておらず、カウンセラー主導のカウンセリングになってしまっていました。このようなカウンセラー・センタードなカウンセリングになってしまうことがあることに気づいてから、「クライアントの状態や能力を踏まえたうえで、こちらの関わり方を調整していくことが、真の意味でのＰＣＡのカウンセリングなのではないか」と思うようになり、クライアントの状態や能力をアセスメントする、いわゆる見立てについて意識するようになりました。

見立ての大切さ

心理職に求められる能力の一つに、見立て（もしくは心理アセスメント）がありますが、初学者の頃の私は見立てというものをほとんど意識せずにカウンセリングをしていました。当時の私は、必要な情報は必要に応じて語られると考え、クライアントの主体性に任せる形で、相談したいことを話してもらうという姿勢で話を聴いていました。そのため、生育歴や家族歴についいては、こちらから聞くのではなく語られたときに詳しく聞いていました。このような形になっていたのは、私の中に「クライアントの話の流れを邪魔したくない」という思いや、「質問をすることにより、侵入的になってしまったり、カウンセリングの主導権を私が握ることになったりしてしまうのでは？」という思いがあったからだと思います。私のクライアントに対するこのような姿勢に気づいたきっかけの一つが、事例検討のために発表資料を作成し、検討の中で他の参加者から生育歴や家族歴を尋ねられた際に、詳しく聞いていないことが何度もあったことです。それにより、生育歴や家族歴について私から確認しようとする意識の低さや、質問することへの消極性に気づかされました。

その後、クライアントに対して多面的な見方ができるよう、見立てに関する書籍を読んだり、日々のカウンセリング時に見立てを意識したりするようになりました。そのおかげもあってか、私なりの見立てが少しずつできるようになってきたように感じています。具体的には、必要に応じて私のほうから生育歴や家族歴について聴くことによって、クライアントの「歴史」を把握できるようになりました。また、言語的な情報だけでなく、表情やしぐさ、服装などといった非言語的な情報にも意識を向けながら、クライアントの抱える課題や発達段階、そして動機づけなどについての仮説を立てるようになりました。このようなクライアントについての様々な情報を得ることは、共感的な理解を得るためのプロセスの一つであると共に、そのクライアントに合った支援方針を考えるうえで必要になるものだと感じております。

一方で、見立てに関する知識を得たことや臨床経験を積んだことによる弊害が生じることもあります。それは、クライアントの抱えている課題を早分かりしてしまい、クライアントの内的照合枠から理解する姿勢が弱まり、知らず知らずのうちに「権威者」のような態度を取ってしまうということです。このような状態の時には、カウンセラーである私が「解決策」を知っているかのように感じてしまい、私の内的照合枠からクライアントを見てしまっています。見立てとは本来、最初の段階で確定するものではなく、仮説として持っておきながら、クライアントの話を聞く中で必要に応じて修正していくものであり、様々な可能性に開かれている必要があります。にもかかわらず、クライアントの話を聴く中で見えてきたことばかりに目が行ってしまい、私がわかっていないことが見えなくなってしまうことにより、見立ての修正がきかなくなっていました。このような場合、カウンセリングのプロセスが行き詰まったり、中断してしまったりします。そのような時には、ケース記録を振り返ったり、事例検討会に事例を出して他の参加者の意見を聞いたり、そのケースについてのフォーカシングを行うことで、自分の身体にケース理解の手助けをしてもらったりしています。

ロジャーズ（Rogers, 1957）は、「治療者が正確な心理的診断をクライアントについてもっていることが必要である、とは述べられていない」と記していますが、先ほど述べた通り、見立ては今の私にとって、ＰＣＡのカウンセリングを実現するうえで必要なものだと感じています。先ほど、「見立てが少しずつできるようになってきた」と述べたのですが、見立てができるようになったと言えるまでの道のりは、まだまだ長いと感じております。クライアントとの心理的距離が離れすぎないように気をつけながら、クライアントの様々な可能性に開かれつつ、カウンセラーである私自身を見る目やクライアントとの関係性を見る目、そして両者のいる「環境」を見る俯瞰的な目など、様々な目を養っていく必要があります。ＰＣＡの理論をベースにしながら、その理論に縛られることのない私なりの見立てを身につけていくために、わかっていないことへの意識を常に持ちつつ、自分の理解がどちらの内的照合枠からのものになっているか、ということを意識しながら日々の実践を行っていきたいと考えております。

私なりのＰＣＡのカウンセリングへの道

ジェンドリンがロジャーズから「私は来談者中心のありかたを見つけようと願ったのではない。私は人々を援助する方法をみつけたかったのである」と言われたと述懐しています(Rogers & Russell, 2002)。また、ロジャーズは、ロージァズ全集一二巻のはしがきにて以下のように述べています。

> 読者が、セラピィや教育についてのわたしのスタイルに、あるいは、わたしのいろいろの考えや理論に、奴隷のように献身的になれば、それは、最も不幸な成果である。(中略)わたしが最も望むこと、それは、わたしの諸論文が、読者をして自由に読者自身の思考を展開し、なんらかの援助的な関係についての読者自身のスタイルを発展させ、読者自身の価値や判断を公式化するのに役立つこと、なのであります。(ロジャーズ、一九六七)

このように、ロジャーズは自分が創始した理論に縛られるのではなく、クライアントを援助するための「私なりのＰＣＡのカウンセラーとしてのあり方」を見つけていくということを望んでいました。私は今でも、「自分なりのＰＣＡのカウンセリング」を模索しながら、日々のカウンセリングを行っています。現時点での私なりのカウンセリングの一部を紹介します。自分の悩みを言葉にできない学生に対して、私自身がフォーカシングをしながら話を聴き、私の中に浮かんできたイメージを、「あなたが感じているものとは違うかもしれないが」と前置きしたうえで提示し、そのイメージをクライアント自身の感覚と照合してもらうというやり取りを行っています。その際、それまでのやり取りの中でクライアントの状態や能力についての見立てを行い、どのようなタイミングでどのような表現で伝えたら伝わりやすいか、ということを意識しています。

また、クライアントの話の中に登場してくる様々な人物（家族や友人といった実在の人物だけでなく、クライアントの中にある複数の自分も含む）を、ＥＧの参加者と見立て、カウンセラーである私がそのグループのファシリテーターをしているイメージで、クライアントの話を聴いています。このようなイメージでクライアントの話を聴くというアイディアは、あるケースカンファレンスにて私が事例を出した際に、スーパーヴァイザーであった神田橋條治先生から教えていただいたものです。このような考え方を教えていただいてからは、グループのファシリテーションを行う際の全てのメンバーを大切にする感覚を意識しながら、クライアントの話を聴いています。このクライアントの話に出てくる人物それぞれを大切にする姿勢は、クライアントの一部分ではなく全体を見ることにつながり、クライアントを「受容」するうえで役立っております。

さいごに

私のＰＣＡの「これまで」と「今」について述べてきました。ＥＧ体験から始まり、英国のカウンセラー養成コースでの経験やフォーカシング実践、そして、カウンセリング場面でのクライアントからの学びなどを通して、少しずつ私なりのＰＣＡのカウンセリングが形作られてきました。ここで述べてきたこと以外にも、様々な経験が現在の私のあり方に影響を与えています。今後も「私なりのＰＣＡ」への道は続きます。ＰＣＡのカウンセラーにとって、人間としての成長はカウンセラーの成長に直結するものだと思います。これからも、自分との対話を継続しながら、自分らしく自然なありようを涵養していきたい、と思っております。ここまで、私のＰＣＡについての道のりについて述べてきましたが、私のＰＣＡのカウンセラーとしてのこのプロセスがこれからＰＣＡを学ぼうと思っている方にとって少しでも参考になっていただければ幸いです。

●文献

Gendlin, E. T.（1984）The client's client: The edge of awarenes. In R. L. Levant & J. M. Shlien（Eds.）*Client-centered therapy and the person-centered approach: New direction in theory, research, and practice.* Praeger.

Gendlin, E. T.（1996）Focusing-oriented psychotherapy: A manual of the experiential method. Guilford.［ジェンドリン・E・T／村瀬孝雄・池見陽・日笠摩子（監訳）（一九九八）体験過程を促す聴き方『フォーカシング指向心理療法（上巻）』金剛出版 一八七頁］

畠瀬稔（編）（一九九六）『人間性心理学とは何か』大日本図書

コーネル・A・W／大澤美枝子・日笠摩子（訳）（一九九九）『やさしいフォーカシング：自分でできるこころの処方』コスモス・ライブラリー

Rogers, C. R.（1957）The necessary and sufficient conditions of therapeutic personality change. *Journal of Consulting Psychology, 21*, 95-103.［ロジャーズ・C・R／友田不二男（編）児玉享子（訳）（一九六七）『カウンセリングの技術：ハーバート・ブライアンの例を中心として（ロージァズ全集九巻）』岩崎学術出版社に所収］

ロジャーズ・C・R／村山正治（編訳）（一九六七）日本の読者へ『人間論（ロージァズ全集一二巻）』岩崎学術出版社 四頁

Rogers, C. R. & Russell, D. E.（2002）*Carl Rogers: The quiet revolutionary.* Penmarin Books.［ロジャーズ・C・R、ラッセル・D・E／畠瀬直子（訳）（二〇〇六）『カール・ロジャーズ 静かなる革命』誠信書房］

Yoshiwara, K.（2007）The impact of Focusing training on the Development of a person-centred counsellor. School of

Education and Lifelong Learning, University of East Anglia. (Unpublished)

パーソンセンタード・カウンセリングの可能性

三國牧子

パーソンセンタード・カウンセラーとしての私

この原稿依頼を受けてから、私にとってのパーソンセンタード・アプローチ（以下ＰＣＡ）とはなんだろうかと考え続けている。私とＰＣＡの出会いは、イギリスで英語の勉強をしながらカウンセリングの勉強をしていた時である。そこでＰＣＡに惚れてしまった私は、ＰＣＡを徹底的に勉強したくなり、日本の大学院ではなく、イギリスの大学院に進み、ＰＣＡのみを勉強する道を選んだ。そして、カウンセラーとしてのトレーニングをイギリスで終え、日本で臨床を行っている。

私は基本的には頂いた仕事は断らない主義である。そして今まで私は、大学の教員の他に、大学学生相談室で非常勤カウンセラー、専門学校や警察学校の非常勤講師、警察や保育関係の仕事などをさせてもらっている。非常勤や単発の仕事はＰＣＡだから頂いたのではなく、その多くは大学の教員である私に依頼された仕事である。学生相談室のカウンセラーの仕事もＰＣＡのカウンセラーだから依頼されたのではない。ＰＣＡであることが私に仕事をくれることはほとんどない。私が日本で今仕事をしていくうえでＰＣＡは私のアイデンティティとしては機能しておらず、私自身も日々「私の臨床の、心理士としてのアイデンティティはＰＣＡ！」とは思ってはいない。

私はＰＣＡのカウンセラーなのだろうか。これにも疑問を持ち始めた。ＰＣＡのカウンセラーってなんだろうか。私はカール・ロジャーズに会ったことはない。ゆえに彼から直接教えをこうてはいない。ロジャーズと出会って、ともに仕事をしたブライアン・ソーン（Brian Thorne）が私の師である。なので、私のＰＣＡ理解の多くはブライアン版、つまりブライアン・ソーンの理解を通したものである。もちろん私自身ロジャーズの本を原著で読み、またビデオ等で彼のカウンセリング場面も観ている。しかし、私の知識の元にはブライアン版のＰＣＡがあり、その知識からロジャーズを理解していると言っても間違ってはいないであろう。私は本当にＰＣＡのカウンセラーなのか。ＰＣＡのカウンセラーとしての必要十分条件はあるのだろうか。

今回、この疑問を考えていく中で私がＰＣＡで良かったと思える事例があった。私が依頼を受けた仕事で、大学の教員だから依頼されたが、ＰＣＡだからその依頼に応えることができたと私が思える事例がある。その事例をもとにＰＣＡの可能性を考えたい。

ある女性との出会い

私はある時、重い罪を犯した方のカウンセリングをする機会を頂いた。その女性は、罪を認めてはおらず、また彼女は話ができないという状況設定で過ごしており、警察の方々も彼女とどのように接したらよいのか困っていた。そこで警察関係で仕事をしていた私に被疑者である女性のカウンセリングの依頼があった。起訴される前であり、罪を認めていない被疑者へのカウンセリングがどのようなものか想像もつかなかったが、警察官から「いつもの通りのカウンセリングでよいです」と言われた。この言葉を信じて、仕事の依頼を受けた。

私には、警察署の中で被疑者と会うという経験はない。カウンセリング当日、警察署の一室が臨時のカウンセリングルームとなった。クライアントである被疑者が手錠をし、所謂お縄状態で部屋に入って来た。彼女は私の前に座り、手錠などを外し、カウンセリングが始まった。このお縄状態の入室、およびカウンセリング終了時には椅子に座った状態でまたお縄状態に戻る。この一連の動きは私に彼女はなんらかの罪を犯した存在であるということを伝えている印象を持った。カウンセリング中は、警察官が私たちの後ろに座っている。今回のカウンセリングの目的は彼女の心理状態の鑑定である。鑑定理由などが書かれている書類を被疑者であるクライアントに提示し、私がカウンセラーでこれから彼女のカウンセリングをすることを伝えた。つまり、目の前にいる女性は、私がカウンセラーであり、彼女のカウンセリングをするために私がこの場所にいることを理解し、同意した。正確に言えば、同意したとした。彼女には同意しないという選択肢はなかったかもしれない。しかし、これから始まるであろうカウンセリングに応答しないという形で「拒否」をすることは可能であった。

カウンセリングが始まった。私の目の前にいる人が重い罪を犯した人という印象は受けない。普通の女性である。全部で七セッションのカウンセリングを行った。最初のセッションでは、部屋の様子や立会いの警察官がいる中での面接に私は戸惑った。第一セッションが終わって、私は警察官に「クライアントさんに触っても良いの？」と尋ねた。私が彼女に触りたかったわけではない。ただ、私はこの空間の中で、私が行って良いことといけないことがあり、それを私が知らないのではないかと思っていた。また警察独自の暗黙のルールがあり、それに私が気づいていないのではないかとも勝手に思っていた。

「どうぞ。いつも通りにお願いします」

いつも通りと言われて私は戸惑った。いつもとは全く違う環境の中で、いつも通りにするのは簡単なことではない。私のいつも通りってなんであろうか。私には大きな課題が突きつけられた感じがした。

「いつも」を考える時、自然と行ったこと、それは彼女の呼び方である。警察官と同じ呼び方は「いつも」の私ではない。そこで私はクライアントの名字ではなく下の名前に「さん」をつけて読んだ。これが私にとってとても自然な呼び方であった。

第二セッションから「いつも」を考えながらのカウンセリングになった。私の「いつも」……。やはり、「いつも」ではない環境の中で「いつも」通りにするというのはとても難しい。そして、私がその「いつも」とは違う環境の中で兎に角、目の前に座っている彼女の話すことに興味を持って接した。そして彼女が話してくれる内容を理解しようと努めた。それは私が「いつも」行っていることであるからだ。

彼女は多くのことを語ってくれた。彼女は話ができないという状況だったので、語りは全て筆談であったが、本当に多くのことを私に伝えてくれた。本稿では筆談の内容を書くことはできない。そしてそれがこの事例をここで紹介する目的でもない。この事例を紹介した目的は、私と彼女との関係からPCAの独自性を考察するためである。

重い罪を犯した彼女は、警察という建物の中では被疑者として見られている。重い罪を犯した女性として存在している。私は彼女が犯したとされている罪の内容を知っている。その罪の内容は逮捕時に全国報道されていた。彼女もテレビ等での報道を知っていた。そのため、彼女は私が彼女の罪の内容を知っていることは想像できたであろう。

私の目の前にいる女性は、私にとっては一人の女性である。カウンセラーはクライアントが伝えてくれることを信じて話を聴く。私もとても不思議な体験であったが、彼女と一緒にいる間は彼女の罪は気にならず、彼女の話したことを全て信じることができた。彼女の話したことを疑うとか、彼女が私に嘘をついているという感覚は全く無かったし、嘘をついているかどうかの興味もなかった。

もう二〇年以上前、解離性同一性障害のクライアントをカウンセリングした時、医師によるスーパービジョンを受けた経験がある。その時の私は、臨床心理士試験に落ちたばかりで自信がなくなっていた。

「私はPCAのカウンセラーで、特にそれ以外何もできないのですが、大丈夫でしょうか」

と、尋ねたのは覚えている。

「PCAのカウンセラーは、目の前にいる人を大事にするのですよね。それがクライアントにとって一番大事です。病院はカルテに記載された名前で呼びます。今目の前にいる人が誰でも……その点PCAの人はその時、目の前にいる人格で対応しますよね。それが大事です。」

と、その時医師に言われた。「目の前にいる人を大事にする」ということの言葉は、今回のクライアントとの関わりの中でも言えることである。私の目の前にいる人は、重い罪を犯した女性

郵便はがき

恐縮ですが、
切手をお貼り
下さい。

101-0051

（受取人）
東京都千代田区神田神保町三―九
幸保ビル

新曜社営業部行

通信欄

通信用カード

■このはがきを，小社への通信または小社刊行書の御注文に御利用下さい。このはがきを御利用になれば，より早く，より確実に御入手できると存じます。
■お名前は早速，読者名簿に登録，折にふれて新刊のお知らせ・配本の御案内などをさしあげたいと存じます。

お読み下さった本の書名

通 信 欄

新規購入申込書

お買いつけの小売書店名を必ず御記入下さい。

（書名）	（定価）￥	（部数） 部
（書名）	（定価）￥	（部数） 部

ご氏名《ふりがな》　　　　ご職業　　（　　歳）

〒　　　　Tel.
ご 住 所

e-mail アドレス

ご指定書店名	取次	この欄は書店又は当社で記入します。
書店の住 所		

ではない。私の目の前にいるのは、一人の女性であり、彼女は重い罪を犯したかもしれないが、不思議と私にはその罪が気にならなかった。私の目の前にいるのは普通の女性だった。

私は彼女の取り調べをしたのではない。彼女が何も話していない事件について私は一切聞いてはいけないことになっていた。日々私が行っているようなカウンセリングを行っていた。ただ違うのは、場所であり、状況である。彼女は全く事件そのものには当たり前であるが、触れなかった。私は、彼女が話をしていく中で、彼女の話を聴いた。

警察署というところで、書類を持って登場した私は、明らかに警察側の人間であった。私が彼女であれば、目の前にいるカウンセラーという人に対して疑いを持って接するであろう。また彼女が当時警察官に対してしていたのと同じような対応をカウンセラーに対してしたであろう。それは、何も語らず、何も書かずという対応である。しかし彼女は警察官にみせていた対応とは異なり、私には色々書いてくれた。それは多分、日常話す人がいないから、警察官ではない人間と思われる私と話をしてくれただけかもしれない。しかし、彼女を毎回カウンセリングルームに連れてきてくれる警察官によると彼女はカウンセリングを楽しみにしていると言われた。それは、彼女の表情や、カウンセリングルームまで来る足取りで分かるのかもしれない。

信頼関係とＰＣＡ

ＰＣＡのカウンセラーは、クライアントと信頼関係を築くことを大切にしている。そしてその信頼関係を築くために無条件の積極的関心、共感的理解、自己一致という概念が大切になってくる。私が今回の事例でこの被疑者であるクライアントとの関係の中にこれらの条件がどのように存在したかを考える。

まず、はじめに間違わないでいただきたいのが、私は彼女の犯した罪を受容したり共感的に理解したりはしていない。私は彼女の犯した罪に対しては理解できないし、許されることとは思っていない。私は目の前にいる女性を理解しようとした。彼女がどのように考え、彼女の目にはどのような景色が見え、それを彼女がどのように理解しているかを知りたいと思った。

もちろん、今回のカウンセリングには大きく通常のカウンセリングと異なる点もある。通常のカウンセリングと大きく違うのは、クライアントである女性の内面的な成長を私が望んでいたのかと聞かれるとそのようなことはない。私がいつもクライアントに望んでいるようなクライアント自身の変化や気づきを念頭に置いていたということはなかった。私は、ただ単純に彼女を知りたいと思った。彼女という人を理解したいと思った。また通常のカウンセリングでは、治療目的やカウンセリングでクライアントが望むことの確認をし、共通理解を持つようにする。しかし、今回、私はクライアントがこのカウンセリングについてどのように理解しているかの確認はしていなかった。クライアントが何故このカウンセリングの場にいるかを理解しているか、どのような目的でこの場にいるかの共通理解の確認は行わなかった。

彼女は、私をどう思っていたのだろうか。私のことを警察側の人間と思っていたのか。カウンセリングが終わってから色々考えると気になることがある。しかし、カウンセリングしていた時はそれらのことを聞きたいとは思わなかった。私の中に聞きたいという気持ちがなかったわけではない。しかし、このことを聞く必要を感じなかったのである。彼女はただただ話したかったような印象を持った。また、「あなたは本当にこの罪を犯したのですか」や「今、どのような気持ちでいますか」などは私が知りたいと思っているものであり、特に最初の質問は私の興味、あるいは、警察側の興味であり、彼女の興味ではない。むしろカウンセリングは彼女にとって事件以外のことを自由に話せる珍しい空間であったのであろうし、その空間を彼女は有効に使おうとしていたように思われた。私が「いつも」のカウンセリングをするのであれば、クライアントのニーズ（クライアント自身が持っているもので、そこに気がついたり、それを認めることで少しでも自分らしく生きられる可能性ができると思うもの）に応えることである。つまり、彼女の今この瞬間に望んでいる時間を提供することが大切である。私のニーズ（知りたいこと・興味）や警察のニーズ（知りたいこと・興味）を満たすものではいけない。

カウンセラーは、クライアントと共にいる時、自分の中に生じる感情をカウンセリングで必要に応じて表現する（自己一致）。しかし、クライアントとの関係の中で生じた感情のみであり、カウンセリング外の人間関係や状況に関連している感情はクライアントには関係がないため、表現しない。あるいはそれらがカウンセリング外の人間関係がカウンセリングで得た情報に刺激され、カウンセラーに生じた感情であったら、カウンセリングの場では表現しない。カウンセリングで表現するのはクライアントとの間に生じているもののみである。

クライアントは事件について一切私に話をしていない。だから、先に述べた私の気持ちである「あなたは本当にこの罪を犯したのですか」は、目の前にいるクライアントとの関係から生じたことというより、彼女に関する情報が彼女以外のところから入ってきて、興味を持った気持ちである。彼女と私の二人の間に生じた感情ではない。そのため、この疑問を彼女に投げかけるのは適切な対応とはいえない（警察との約束は別として……）。

私は、彼女の話すことを聞き、理解しようと努力し、理解をするために質問もした。そして彼女の話すことに興味を持とうとした。そして実際にとても興味を持っていた。彼女のこれまでの人生や考え方などを理解するように努めた。このことは彼女にとって私が彼女を知ろうとする姿勢として経験してくれていたと思う。彼女は私の質問に対してもきちんと躊躇することなく答えた。事件を起こした、大きな罪を犯したかもしれない女性ではなく、目の前にいる一人の女性として興味を持った。そして彼女の話してくれた内容を信じ、受けとめた。

彼女が何故私と会話をしてくれたのかは分からない。彼女は人と話をしたいという気持ちはあったと思う。彼女は当時、自身の依頼した弁護士と警察関係者としか会話をしていなかった。そこに現れた弁護士や警察官以外の人間であり、しかも事件については全く触れない人間と出会ったのである。単純に、彼女が話すことを聴こうとする私の姿勢が彼女に話をさせたのではなく、私が全くその時の彼女の生活環境とは関係ない人間だから、話をしてくれたのかもしれない。しかし、もし本当にそれだけ、つまり全く関係のない人間だからという理由であれば、ここまで話をしてくれることはなかったであろうと私は思っている。

私が彼女との関わりで楽しかったことがある。それは、当初、話ができない状況であった彼女をからかった時のことだ。話ができない状況とは、話ができない設定を彼女本人が作っていたのである。彼女が話せないことを私は信じていなかった。私は彼女が話すことができると思っていた。そしてそれをそのままストレートに「貴女、本当は話できるのに、できないふりしているのでしょう」とは聞かなかった。私は彼女に「くすぐってよい？」と尋ねた。彼女は首を振った。もう一度「くすぐってよい？」と聞き、くすぐる真似をした。彼女の表情は微笑んでいた。でも首を振った。

この一連のやり取りは、私は彼女の話ができない設定を尊重はするけど、本当は声出るんだよねっていうことを伝えたかった。その時の私は単純に笑わせたいと思っていたし、声を聞きたいと思っていた。その瞬間の彼女は嘘ついている人とは思えなかった。話ができない設定であるのは、彼女の必要性から生じていることだと理解していた。でも彼女の必要性から話せない設定をしていることを理解していますよと示したいという気持ちもあった。と同時に、このやり取りでやはり彼女は本当は話せるということも確信した。この一連のやり取りは、彼女のその時のあり方を理解し、受けとめると同時に、私はあなたのことをこのように理解していますよと示すこととなった。

カウンセラーはクライアントの話を鵜呑みにはしない。しかし、クライアントの話を理解し、尊重し、あるいはそのような話をする必要性も理解しようと努力する。そして自らの理解や理解の仕方をクライアントに伝える努力も怠らない（共感的理解、無条件の積極的関心）。

今回のクライアントは、きっとこの私の「くすぐりたい」という発言から何かを察してくれたとは思う。彼女の表情がそれまでと違ってほぐれてきたことからも言えるのではないだろうか。そしてその私の彼女自身を知りたい、分かりたいという気持ちが彼女に私という人間を信頼してもよいかなという気持ちにさせたのではないかと思う。

ロジャーズの示した無条件の積極的関心、共感的理解、自己一致はカウンセラーのクライアントといる時の大切な態度条件である。そしてこの態度がきちんとクライアントに示され、クライアントがそれぞれを認知し、経験することがクライアントの成長に重要であるとしている。

そして成長をするために今いる空間が自分の居て良い場所であるとクライアントが感じることも大切である。今回の事例は、通常のカウンセリングとは異なる。しかし、彼女は私との空間を自分の居て良い場所と認識してくれたと思う。また彼女はその空間で自分のペースで話をすることができると思っていただろう。

ＰＣＡのカウンセラーは目の前にいるクライアントを大切にする。そしてその人が話すことに耳を傾け、その人を理解することに努力を惜しまない。そのカウンセラーの態度がクライアントを孤独にしない。そしてクライアントが何かに触れ、気づく機会が訪れるかもしれない。また、ＰＣＡのカウンセラーはクライアントに「こうなってほしい」という自身の思いや先述したようなカウンセラーの興味やニーズをおしつけない。そのような思いなどはカウンセラーのものであり、クライアントのものではない。

私が被疑者であるクライアントとどのような関係を築いたのか、私にはよくは分からない。私は、私の「いつも」のカウンセリングをしようと努力しただけだった。

私が被疑者のカウンセリングをしたということが公になった時、多くの方が「怖くなかったの」と聞いてきた。これがとても不思議なことなのであるが、怖くなかった。全く怖くなかった。眼の前にいる女性が私を犯罪に巻き込むとも全く思わなかった。私と彼女の出会い、私と彼女の関係に犯罪はなかった。何があったのであろう。これは私がいつも考えていることである。別の見方をすれば、彼女の犯罪対象となった人と私とは何が違うのであろうか。

七セッションを終え、彼女と別れる時、私は心の底から彼女がこのような犯罪に手を染める前に会いたかったたと思った。でも、私が彼女に会えたのは彼女が犯罪者になったからでもあった。

今回ご紹介した事例がＰＣＡであるからこそできたということが証明できているかどうかは私も自信がない。しかし、ＰＣＡのカウンセラーだから私は迷わずこの依頼を受け入れることができ、クライアントとの時間を楽しむことができたのではないかと思う。被疑者である彼女ではなく、クライアントである彼女と出会うことを楽しむことができ、私が私らしく素直にクライアントの前にいられたのはＰＣＡだからであり、それが彼女との信頼関係を築くことへ繋がったのであろう。

パーソンセンタード表現アートセラピーと私

小野京子

私とパーソンセンタード・アプローチ（以下ＰＣＡ）との出会いは、大学時代にさかのぼります。自分が入ったゼミの先生が、ＰＣＡを専門としていました。そしてその頃勉強したカウンセリングもロジャーズの傾聴を中心に学びました。ＰＣＡの本質や素晴らしさは当時充分わかっていなかった気がします。その後ＰＣＡではない体験や学びとの対比の中でＰＣＡから培われたもの、その大切さに気づきました。さらに自分がパーソンセンタード表現アートセラピーという芸術療法のファシリテーターとなり、トレーニングコースを担当するようになってから自分がパーソンセンタードに立脚することを自覚し、意識的にその立場に立つことを決めました。その経緯について語ろうと思います。

PCAとの出会い

大学時代のゼミの先生は、柘植明子先生（日本女子大学）でした。先生はアメリカ留学中にカール・ロジャーズに直接師事していました。すでにその頃六〇代であったように思います。白髪と笑顔がとても美しい上品な先生でした。ロジャーズによれば、柘植先生はクラスでほとんど発言をしなかったので、自分の教えは彼女には響かなかったと思っていたそうです。柘植先生が帰国後カウンセリングを教え、大学にカウンセリングセンターを設立したことを後で知り、驚いていたそうです。ゼミの中で何を勉強したか今となってよく思い出せないのですが、安心して自分の考えや感じたことを発言できたのを覚えています。何か知識を習得したというよりは、他者や自分を尊重する大切さを肌から吸収したように思います。私はゼミと並行して、大学の研修機関でカウンセリングの勉強を始めました。傾聴が中心の学習でした。当時の入門講座の先生が、発言をほとんどしなかったことを覚えています。そこでも安心して語ることが許されていました。特に私が大きな影響を受けたのは、当時盛んに行われていたエンカウンター・グループ（以下ＥＧ）研修でした。大学の休みに合わせて、何度もＥＧに足を運びました。それらは宿泊型の研修で、現在では非構成的ＥＧと呼ばれているものです。

私は家族の問題を抱えていて、大学に入りカウンセリングを勉強するまで、自分の悩みや家族の問題を人に話したことはありませんでした。そんな私が自分の悩みや気持ちを批判されず、責められずに語ることができ、聞いてもらえる場ができたのはとても大きなことでした。そしてカウンセリングの勉強とともに、自己の内面を見つめる作業が始まりました。ＥＧの場は、本音の自分を語り、相手を理解しようとする体験学習であり、人との信頼関係、親密な関係を築く実験場でした。ゼミやカウンセリングの研修、ＥＧにおいて、私はＰＣＡを肌から吸収した気がします。人から受けとめられ、受容され理解される体験を通して、人を受けとめること、理解することを学びました。

当時、心理学や心理療法の研修会は今ほど盛んに行われていませんでした。ただグループ療法は、いろいろな種類のものが行われていました。グループに興味があったためＰＣＡとは異なる、感受性訓練と言われるものも大学四年生の頃受けました。こちらの印象は強烈でした。他者の受容よりもまず自分をぶつけて体当たりで関係を作る、といった印象がありました。この体験は私にとってとても刺激的で、終わった後のグループの一体感や高揚感がとても高く、当時はこちらのほうが本物っぽく感じた記憶があります。そこでアシスタントとしてこのグループに関わらせてもらったのですが、そのグループのファシリテーターが私には操作的に思えました。そしてそのようなグループの危険性を感じて、そこから離れました。私が受けた最初の感受性訓練のファシリテーターが受容力のある先生だったので、よい体験ができたのだとわかりました。

その後長い時間を経て、そのような一過性の高揚感のある体験は積み上がりにくい、と感じるようになりました。それとは逆に、誰に言われたのでもなく自分が自ら気づいた積み重ねが、ゆっくりではあっても確実に積み上がり自分のものになるのだ、と思うようになったのです。指摘され解釈されたことは、反発もあり、落ち込みもあり、なかなか自分の中に消化定着しにくいのですが、自分が自ら感じたこと発見したことは、自分の中に確実に定着し成長の確実な一歩となるように思います。つまりPCAの環境は、自ら感じ取ることを許し促進して、参加者自らが発見したものを積み上げる土壌を与えます。

アメリカでのエンカウンター・グループ体験

実は若い頃、PCAの受容的な態度を時々胡散臭く感じていました。受容的な言葉や態度を示すが、実際本当にそう思っているのか、ただうわべだけで頷いているのではないのか、という疑問を持つことがありました。その点、感受性訓練は、生の感情をさらけ出すので本物に思えたのです。でもそれを目的に操作的な介入をするファシリテーターは危険だし、相手への尊重なしに自分の本音をぶつけるのもまた危険だと思いました。ただし本音を語り、生の感情を出すという体験は、私にとっては貴重な体験であったと言えます。日本では、本音を出すということが特に難しいことなのかもしれません。というのは、アメリカでEGを体験した時には、怒りを含めていろいろな感情が表現されていたからです。

大学四年生の夏休みにラ・ホイヤプログラムという、アメリカのサンディエゴで行われるプログラムに参加しました。このプログラムは、カール・ロジャーズが設立した人間科学センター主催のものです。日本からのツアーがあるのを知り、英語も完璧に話せない中、アメリカ人に混ざってのEGに飛び込んだのです。日本人が七〜八人ツアーに参加していました。コミュニティ・ミーティング（全体集会）と小グループが交互に行われる構造でした。EGでは日本人は一人になりました。その体験はとても意味深いものでした。また一〇〇人はいたと思われるコミュニティ・グループの体験も非常に貴重なものでした。ストレートな感情の表現、それを受けとめる発言、反発する発言、その正直さ、そして理解し合おうとする姿勢に心打たれました。英語がよくわからないので、体当たりのコミュニケーションでした。たぶん一〇日間くらいの間に二、三のEGを体験したと思います。世界中から参加者が来ていて、メキシコや南米、ヨーロッパなどからの参加者がいました。いろいろな人との出会いがあり、ラ・ホイヤプログラムへ参加したことから、非常に大きな影響を受けました。言葉ができなくても理解し合うことができ、受けとめてもらえたことは、とても感動的で嬉しい体験でした。アメリカに留学したいという思いを抱くようになったのもこの時期からです。EGもこのラ・ホイヤプログラムも、私にとってはとても大きな意味を持ち、生涯私を支えるような人間信頼、自己信頼の基盤となりました。ただ日常生活とこの非日常の体験とがあまりにもかけ離れていたので、日常生活の中にこの体験を統合することが難しかったように思います。

表現アートセラピーとの出会い

大学卒業後、日本の大学院に進み、その後アメリカの大学院で人間性心理学と心理療法一般を学びました。日本でもアメリカでも私が所属する大学院には、ロジャーズ派の先生はいませんでした。また久しぶりのＰＣＡと本格的に出会ったのは、三〇代でした。縁あってカール・ロジャーズの娘であるナタリー・ロジャーズのパーソンセンタード表現アートセラピーのトレーニングコースに参加したのです。ＰＣＡの環境は慣れ親しんでいたので、安心してトレーニングに参加することができました。表現アートセラピー（Expressive Arts Therapy）は、アートセラピーだけでなく、ダンスやムーブメント、ドラマ、音楽、詩や物語などを書く、というように様々な表現を用いるものです。私は特にアートが得意というわけでなかったのでその点は緊張したのですが、温かく優しく迎え入れられてその心配はすぐに消えました。とにかくスタッフが皆暖かく、優しかったので、守られながら自分のプロセスに深く入ることができました。

表現アートセラピーは、一九七〇年代に欧米を中心に発展した芸術療法の一つで、創設者とされるのは、ショーン・マクニフ、パオロ・クニル、ナタリー・ロジャーズなどです。特徴としては、すべてのアート表現（媒体）を用いる統合的な芸術療法です。すべてのアート表現とは、ビジュアルアート、ダンス・ムーブメント、声や音楽、ドラマ、ライティング（詩や物語を書く）など多様な芸術表現を用います（小野、二〇〇五）。一方、媒体を一つに限定する芸術療法として、アートセラピー（ビジュアルアート）、ダンス・ムーブメントセラピー（身体表現）、ミュージックセラピー（音楽）、ドラマセラピー（ドラマ）、詩歌療法（詩や物語）、箱庭療法（箱庭）などがあります。

ナタリー・ロジャーズは、パーソンセンタード表現アートセラピー（Person Centered Expressive Arts Therapy：以下ＰＣＥＡＴ）を一九八〇年代に確立しました。彼女は表現アートセラピーが行われる環境が大切であり、ＰＣＡの哲学が反映され、心理的な安全と心理的自由が保たれることが特に重要であると考えたのです。ナタリーは、表現アートセラピーが心理的に安全で自由な環境で提供される必要性を説くと同時に、刺激され触発される体験の提供を強調しました（Rogers, 1993）。ナタリーは父カールとともにＥＧの実践・研究を行っていましたが、彼女自身ＥＧなどでずっと座って話すことは苦手であったそうです。ナタリーは心理的に成長する上での刺激となるアート表現を提供したいと思ったのです。

ナタリーが提供したＰＣＥＡＴのトレーニングにおいては、様々な表現をしながら自己の内面と向き合い、自己発見や癒しを得ていきます。その上でＰＣＥＡＴを人に提供するファシリテーションの訓練が行われます。ありのままの自分を大切に受けとめてもらいながら、アート表現を通して自分を発見していきます。作品のシェアリングを通して、より深く自分の内面や人の内面に接することができました。アメリカ留学時代カウンセリング（言葉のみのもの）を受けていましたが、どうも言葉だけだと問題の周りをぐるぐる回り、癒しまで実感できなかったという経験があります。もともとアートで自己表現をすることが嫌いではなかったのでしょう。アート表現を用いることで、頭の中での固定概念を超えて自分の肯定的側面や生命力を発見することができました。そして何よりも絵やムーブメント、ライティングなどで自分を表現することが楽しく、自分の本質とつながることができたのです。その時の印象は、大人のための幼稚園でした。子どもの心に戻って遊ぶという体験は、創造性を賦活させます。アート表現をお互いにシェアし共感する時、言葉のみを介するよりも、お互いのありのままを認めやすいという利点があります。作品をありのままに受けとめることが（作品を尊重する）、その本人をありのままに受けとめることになるからです。

今考えると、ＰＣＡと表現アートセラピーの組み合わせが、私の心を掴んだのだと思います。アートセラピーやダンスセラピーなどの芸術療法もアメリカの大学院で経験しましたが、それほど心惹かれなかったのです。この組み合わせが自分にぴったりきたのでしょう。本当に安心できる環境で、アート表現を用いながら普段気がつかない側面、微細な領域を体験できる点にとても魅力を感じました。例えばロジャーズ派であるムスターカスが述べるloneliness（寂しさ）とsolitude（よい意味での孤独）の違いを、表現アートセラピーのセッションで体験しました。「寂しさ」は当時私のテーマでしたが、セッションの中で「自然と一体に感じる、清々しい孤独」を体験したのです。言ってみれば「寂しくない寂しさ」です。そのような境地があることに驚きました。「寂しさ（ひとりぼっちの孤立感）」と「清々しい孤独」、「人がいとおしい、人と一緒にいたいと思う気持ち」が別のものではなく、ひと続きのニュアンスの違う感情だと理解しました。言葉でないからだの動きや絵の表現だからこそできる体験でした。頭の中の既成概念の自分を超えて、心やからだの深い領域（無意識）に降りていけたのです。芸術療法には言葉を超えて理性、感情、からだ、スピリット（霊性）にアクセスできる特性があります。

非指示的な実践の探求

その後日本で表現アートセラピーのクラスを提供し、病院などでカウンセラーとして働くようになりました。一時期ゲシュタルトセラピーのトレーニングも受け、そちらもよい体験になったのですが、ＰＣＡとの対比でいろいろ発見がありました。ゲシュタルトセラピーは指示的な技法です。ファシリテーターは、気づきをもたらすためにいろいろなワーク（エンプティチェアなど）を提案し、フィードバックをどんどん行い、気づきを促します。確かにいろいろな気づきが起こりますが、のちに私には少しきつい療法だと感じました。ＰＣＡの環境で自ら自然に発見することが、私にとっては昔から自分が紡いできた糸とつながるような、自分らしさが自然に花ひらく気がしたのです。

強いリーダーシップの危険性を知る出来事もその頃ありました。強いリーダーシップを取るセラピストのもとに集まった人たちが、そのセラピストから指導を受けるにつれて強い影響を受け、セラピストの生活の心配まで共有し、参加者がそのグループから足を抜けられないという状況が生じたのです。カルト的な状況が生まれた出来事を知り、強いリーダーシップの怖さを感じました。

のちに精神科で仕事をしてみて、ただ一枚の絵を描くだけでも状態によっては苦しくなり、具合が悪くなることがあることを知り、エクササイズを強いリーダーシップで提供することの弊害を自戒し、エクササイズの提供には細心の注意をするようになりました。またエクササイズの種類も整理し、対象によってエクササイズの種類を変える必要があることも著書（小野、二〇一一）の中で示しました。ナタリーのトレーニングでは主に心理的に健康な人へのエクササイズを学んだので、それ以外の人（精神科領域、高齢者など）へのエクササイズを考案する必要がありました。

ＰＣＡでは参加者それぞれの主体性を尊重し、参加者自身が感じていることを大切にする姿勢があります。参加者は選択の余地が与えられ、エクササイズは強要されず、それを行わない自由もあります。本当の意味でＰＣＡの効果や大切さを身に沁みて感じたのは、自分がＰＣＥＡＴのトレーニングコースを教えるようになってからです。二〇〇〇年頃ナタリーが日本に来日しＰＣＥＡＴのワークショップや講演を行い、その後二〇〇三年より、ナタリーの同僚であるシェリー・デイビスに来日していただき、四〇〇時間、六コースからなるトレーニングコースを一緒に教えることになりました。改めてＰＣＡのファシリテーションに徹底的に自分が浸る機会となりました。

私もそうであったように受講者たちは、安心してアート表現で自己を探求し、癒され、時に自分の深い問題に向き合い、受講者同士の間の葛藤に直面し、正直かつ、相手の言葉にも耳を傾ける訓練を行っていきました。スタッフ同士もスタッフミーティングでは、自分のいろいろな感情について話し合いました。時には全て解決というわけにはいきませんが、葛藤を抱えたままにしないという鉄則がありました。葛藤を抱えたまま話し合わないでいると、それがグループ全体のエネルギーの低下や停滞を招くとナタリーから指導されていたからです。

トレーニングでは分析や解釈を行うわけでなく、本人が自ら発見することをサポートすることでコースを重ねていきます。すると参加者たちが大きく変化していくのです。アート表現を用いるカウンセリング実習もあり、その中ではカウンセラー役の欠点もフィードバックされるので、厳しい面もありますが参加者は自己否定から自己肯定へ向かいました。多くの人が「このままの私でよいのですね」という発言をするようになりました。その目覚ましい成長ぶりに、ＰＣＡの環境が人の心理的成長を促進するということが心から腑に落ちたのです。特にアイデンティティや自己が確立していない場合、批判や解釈をされずに見守ってもらえることは、手探りで少しずつ前に進む自己成長のプロセスで、まるで種が養分や太陽の光をもらうがごとく、ＰＣＡの環境が成長の土壌となることを感じました。

その後ＰＣＥＡＴのトレーニング卒業生へのインタビュー調査を行い、ＰＣＡとアート表現の環境が肯定的な心理的変化を生むという研究結果を得ました。共通のコメントとしては、「より自分らしく生きられるようになった」「グループの中で安心して一人でいられるようになった」など、自分の個性を自覚し、また自分の中に眠っていた個性が開花し、「より自分になる」というプロセスが共通しています。インタビュー調査の中で、ＰＣＡという環境でアート表現を行うことで、参加者がどのように自己成長したのか、そして同時にどのようにＰＣＡのファシリテーターとして成長していったかが語られました。ＰＣＡの哲学を学ぶことと表現アートを通しての自己成長が、参加者の中で同時進行していました。自分の感情や欲求に気づき自己受容が進み、評価が自分の外から内に移り自分らしく生きるということと、カウンセラーやファシリテーターとして成長するプロセスが相互に影響しながら進行していました。アート表現により自分の感情や心の内容に気づき、それを受容できるようになると、他者の感情や心の内容にも気づき尊重し丁寧に耳を傾けることができ、またファシリテーターとして柔軟にその場に対処できるようになっていったのです。より自分らしく生きることが、よい援助者になるために役に立ったのです。その根底にあるのは、自分を安心して開き探求することができるPCAという心理的土壌です。

私自身の人生においてPCAは、学生時代から優しく自分を見守り、他のアプローチを学びながらも常に私の中核にあったものであり、先達から受け継いだ大切な哲学です。そしてPCAとの深いご縁を感じます。PCAは私にとって懐かしく、常に立ち戻る一つの系譜です。そしてそれは学び終わることはなく、常に新鮮な発見を促してくれます。今までの様々な出会いに感謝しつつ、この辺で筆を置きたいと思います。

●文献

小野京子（二〇一一）『癒しと成長の表現アートセラピー』岩崎学術出版社

小野京子（二〇〇五）『表現アートセラピー入門：絵画・粘土・音楽・ドラマ・ダンスなどを通して』誠信書房

Rogers, N.（1993）*The creative connection: Expressive arts as healing.* Science & Behavior Books.［ロジャーズ・N／小野京子・坂田裕子（訳）（二〇〇〇）『表現アートセラピー：創造性に開かれるプロセス』誠信書房］

日舞、パーソンセンタード・アプローチ、アサーションとの出会い

園田雅代

私は自分を幸運な人間ではないかと感じている。どうしてかというと、これまでの六十数年の人生を振り返り「幸運だったなあ」と思う出会いがいくつかあり、そのなかでも特に強くそのように思うのは、

①六歳から始めた日本舞踊
②大学院でのパーソンセンタード・アプローチならびに佐治先生・先輩や後輩たち
③三〇歳前後のアサーション

との出会いがあるからだ。

本稿では②と③について、またパーソンセンタード・アプローチ（以下ＰＣＡ）とアサーションのつながりについて書きたいのだが、その前に、①について触れさせてもらうことをご勘

弁いただきたい。

日本舞踊との出会い

私は幼児期までの記憶があまりない。三〇歳になったばかりの父が、歯科医院で歯を抜いたところ、その夜半から出血が止まらなくなり、洗面器に溜まった血を夜通し何度も捨てたという話を、母は私に幾度も語ってきた。当時は不治の病とされていた急性白血病により父が急逝したのは、その時から僅か数カ月後であり、私は四歳になりたてだった。まだ二〇代半ばであり、また安心できる誰かに頼っていたいというタイプの母が当時どれほどショックを受け、混乱したかは想像に難くない。幼児期の記憶があまりないなかで覚えていることは、押入れの布団に顔をうずめてよく泣いていた母の姿だ。また、私が鼻血を出したりすると、母がひどく不安がり、まして外遊びをして擦り傷などを作ってくると大騒ぎとなったので、いつの間にか外遊びをしない子どもになっていた。代わりに、ひとりで人形で遊んだり、いつの頃からか本を読んだりしていた。その頃、体も弱く、よく入院もし、病院でベッドに寝て天井を見ていたという記憶が、その天井の模様や照明のおぼろげな記憶と共にある。

幼稚園には年中から通い始めたが、不登校ならぬ不登園に近かった。リアルに覚えていることは「こんなうるさいところ、嫌。居たくない」と思ったことだ。当時の自分にエネルギーが乏しく、他の子たちの声や動きに圧倒され馴染めなかったのだろう。それといつだったか久しぶりに登園したら、先生が「袋からどんぐりがなくなっています。取ったのは誰ですか？　みんな、目をつぶって。取った子は手を挙げなさい。正直に言えば先生は叱りません」というようなことを言ったのに、実際に手を挙げた子たちがその場で凄い剣幕で怒られ、それがとても嫌だったことだ。「こんなところ、来られるものか。とんでもない」と思った。卒園式にも体調が悪かったのか行かず、謝恩会のお弁当が後で自宅に届けられたのだが、桜の形の綺麗な箱にちらし寿司が詰められたそのお弁当を見ながら、「他の子はこれを園で、みんな一緒になって食べたんだ。私は、これからみんなと一緒にやっていけるかなあ。きっとできない……」などと不安に思ったおぼえがある。顔色の青白い、眼だけ大きい大人しい子というのが、当時の私のイメージだったろう。

それが、日本舞踊と出会ったことで大きく変わった。今でもあるのだろうか、昔、習い事を子どもにさせるのは六歳の六月六日からがよいという言い伝えがあり、実際、ある日舞の稽古場に、私は六歳の六月六日に祖母に連れられ通い出した。日舞は、祖父母が大の歌舞伎好きであり、また、テレビで日舞が放映されると、それに合わせて私が見よう見真似で踊っていたので、「踊りが好きかも？」と祖母が思ったからだという。まさに見事にはまった。週に二回の稽古が（途中から週に三回～四回になった）待ち遠しくてたまらない。家でも自分で邦楽のレコードをかけて長時間、踊り、それを祖父母が、少し後になると、徐々に元気になってきた母も一緒に見ては喜んでくれる。「自分はこれが好き」と子ども心にはっきりと感じ、そして、自分の好きなことで誰かを喜ばせられることが不思議にも、また嬉しくも思えた。そのうち体力もついてきて（ちなみに日舞はずっと中腰でスクワットをしているような姿勢で踊ることが多い）、小学校中学年の頃には殆ど病欠をしない子どもになっていた。

幼稚園と小学校が同じ敷地にあり、何回か、園の先生たちに呼び止められては、「あなた、○○ちゃん？同じ子に思えないほど元気になったね」「驚いた。大きな声も出せるのね」などと言われたりした。子どもだったので、そのへんの感覚はうまく言語化できなかったが、日舞の稽古がひとつの契機となり、自分の窓が外に向かって開き、新しい風が吹き込んでくる感じ、急に世界が鮮やかに色づいた感じがした。単純に言えば自信がついたとか、自分の好きなことは何かが分かったというところだろうが、それでは言い当てている感がしない。とにかく幸運にも「世界が良い方向に変わった」ような、自分がしっかりと「世界とつながった」感じだった。（この感覚は、心理臨床の仕事をしているなかで、クライエントの心の窓を互いにそっと作っていく感じをつかんだり、心の窓が本当にその人・その子なりに開いているのかどうかなどと確かめたりする手掛かりに、とても役立っているように感じている。）

小・中・高の頃

さて、それで私が小・中・高と元気に過ごしたかというと、表向きは総じて「元気で明るい子」だったと思う。幸いに友達にも恵まれ、学校もそれなりに楽しく、特に問題のない児童期～思春期、青年期前期だったと総括しうる。が、今から考えると自分をごまかしていたようにも思う。例えば、中・高の頃、友達とは仲良く楽しく付き合っていたものの、本心を素直に出せていたかというと微妙だ。例えば、友達の意見をつまらないとかおかしいなどと感じても、それを表に出すような失礼なことはいけないと感じており、ぶつかりそうなことは言わず、基本にこにこしていたと思う。また母親に対しても、同じく思春期の頃から「母をご機嫌にしておくことは簡単だ。彼女の気に入る言動をしていれば喜んでくれる。そうしておけばこちらの内面に立ち入ってこないし、面倒くさいことにもならない。だから母には明るい元気な自分を見せておこう」と思うようになっていた。

「日舞や本という、心底、楽しめる世界が自分にはある。そこで満たされているのだから、友達や親との関係は、まあ、そこそこでいい。友達のいない子とか、親と変にぶつかっている子のように見られるのは嫌だし、無論、友達付き合いもしよう。母親とも上手に付き合っていこう。でも、あくまでも自分が自由で生き生きできるのは、人との関わりよりも、日舞や本といった一人の時間。それがあるのだから、友達付き合いや親との関係とかは、まあ、こんな程度でいいかも……」などと思っていた。当時、ここまで自覚的にそう考えていたわけではないが、友達や親との時間より一人の時間に価値を置いており、同時に、そのことを周りに悟られないようスマートにやっていけると思っていた。（日舞の稽古にしても、師匠をはじめ多くの人と関わることで成り立つものである。ここでの「一人の時間」とは、自分が周りから邪魔立てされず、その時間を集中して好きなように使えるという意味に近い。稽古でうまく踊れず、師匠から厳しく叱られることもあったが、しかし、どう踊れるか、それは年に一度の本番の大舞台も含め、すべて自分ひとりにかかっているという意味において、日舞は「一人の時間」であった。また、本を読んでいる時は、周りの世界が背景に退き、本の世界に心ゆくまで沈潜できるような感覚が常にあった。）

ＰＣＡとの出会いまで

学部で佐治守夫先生の授業があったが、私はあまり熱心な受講生ではなかった。佐治先生の、言葉を発するまでの間《ま》の長さや、ぼそぼそとした話し方、言葉を口にしてからまた考え込まれるような態度といったものに、おそらく自分が十分についていけなかったのだろう。何とも地味で分かりにくい授業だと思い、でもなぜか佐治先生のたたずまいや雰囲気に惹かれ、授業によく出席していた。そして出席しては「よく分からない」と思い、いつの間にか授業中、寝たりしてしまうことも多々あった（今から考えると何と勿体無いことだったか！）。カウンセリングや心理療法に興味を覚えもしたが、自分のような、器の小さい、自分で自分を持て余しているような人間にはできないだろうと敬遠していた。その頃、偶然にアクスラインの『開かれた小さな扉』（一九七二）を入手し、むさぼるように読んだのだが、セラピストの対応があまりにも素晴らしすぎると感じ、「こんなこと、自分には到底できない」と早々に決め込んでもいた。

振り返ると、大学時代、自分で自分がよく分からないような状態だった。日舞は、高三の半ばで止めざるを得ず（その年の初め、祖父が病床に就き、親族会社である祖父の仕事を誰が継ぐかで親戚中がにわかにガタガタし始めた。実の娘でなく嫁という立場である母や、女児である私には継がせられないといった声が親戚筋から出るようになり、祖父を後ろ盾として暢気に日舞を続けている場合ではなくなった）、大学時代、日舞に取って代わるような好きなものを見つけられずにいた。自分のことや将来について心もとなく不安だったが、そういう自分だと認めたり、また誰かにそういうことを伝えたりするのは、ださいような恥ずかしいような気がして、表向きは明るい学生を旗印にしていたと思う。

大卒後、ある仕事に就いたが、それをやめて大学院に行こうと思ったのは、その頃に佐治先生の『カウンセリング入門』（一九六六）を、もうひとつが先の『開かれた小さな扉』を何度も読んだことによる。ためしに頁を繰ってみると、当時、線を引いたり書き込みをしたりしたところが色々と目につく。例えば『カウンセリング入門』では「カウンセリングの関係は、ひとりの独立した人間が、もう一人の独立した人間と、究極には独立したままの姿で向かい合うこと」（一四頁）、「聴くことによって、私は相手（クライエント）に対して、次のような私の気持ちを伝えているのだと思う。（中略）あなたは、あなたなりに、他の誰にもない大事なものをもっているし、それはあなたの存在によって意味あるものとなるのだと思えるのです」（一一〇頁）、「二人の間の関係から生じた事実を、いつもその時の私とその時の相手という、生きた人間の間の交流として捉えることから、カウンセリングが始まるのである」（一一七頁）。……きりがないほど、多くの線を引いている。そして「治療とは、相手がよくなること、人間として変容することと同時に、私が人間的に他の人たちとよりよい関係をもちうるように変化していくことである〜」（二一六頁）の箇所には大きな「！」印がついている。またアクスラインの本では、「子供というものは機会さえ与えてやれば、生まれつき正直で率直な意志の伝達をするものである。母親もまた、尊重され、品位を重んじて受け入れられれば、批判され、とがめられないことを知って、誠実に心を打ち明けるものである」（三一八頁）に二重丸をつけている。

これらを目にすると、将来の職業としてカウンセラーになりたいとの思い以上に、当時の自分には「他の人たちとよりよい関係をもちうるように変化していく」こと、「正直で率直な意志の伝達をする」こと、「誠実に心を打ち明ける」ことなどを求める心情が、換言すると、自分にはそういったことが足りていないとの感覚があり、それもあって大学院に行こうと決めたのだと思う。なので、大学院で佐治先生のもとでＰＣＡを学べたことが、そして、そこで多くの信頼できる先輩や後輩と出会えたことはひたすら幸運だったと感じる。なぜなら、そこはＰＣＡを体験的に実感的に、また文字通り自由に学べる場だったからだ。

大学院でのＰＣＡならびに佐治先生・先輩や後輩たちとの出会い

院では、先輩たちも多く参加されていた心理教育相談室の春・夏合宿が、毎回、ベーシック・エンカウンターグループだったことに驚いた。一回目の春合宿で、何が始まるのかと私はひどく緊張し、緊張のあまり、グループのセッション中、かなりの時間を眠りこけてしまった。目覚めた時、ばつの悪い思いがし、そっと周りを伺ったのだが、誰もがそのことを何も咎め立てもせず、また目が合うと「まあ、それもいいよ」というような表情や、にやにやしたようなユーモラスな顔つきをされたことが印象的だった。それまで、エンカウンターグループについては本で最低限、理解していたつもりだったが、でもそのグループにいるメンバー各人がグループ内で真に自由に対等にということについては、本当だろうか？と内心、疑う気持ちももっていた。が、眠りこけた自分もそのなかにそのままいられることに驚きつつ、「ああ、私はいいところに来られたのかも」と直感した。

佐治先生は平素、「ロジャーズが～」とか「ロジャーズいわく」といったようなことは滅多に口にされることはなく、院生たちをＰＣＡに誘導することも一切なかった。また、他の流派を批判することも皆無だったように思う。そして修士論文については文字通りの「放牧」であり、たまに相談に行っても、ただ「ふ～ん。そうだねえ」と聞いてくださるだけだった。が、私は佐治先生のその徹底した姿勢で、修論に関して大いに助けられたことがある。テーマを修士二年次の六月頃に大きく方向転換しようとし、そのことを伝えた修論中間発表会では他の先生方から「これから変えて大丈夫か？」「今までやってきたことが勿体無いのでは？」と言われ、「はい、そうですが。でも、しっくりこないというか……」などとしどろもどろになっていたその時、佐治先生が一言、「修士論文は本人がしたいものをすればいいですよ」とボソッとおっしゃり、一挙にその場の雰囲気が「それならそれでいい」と変わったのだった。「よし、本当にしたいことをしよう。そうするっきゃないじゃないか」と大いに勇気づけられ、その時も自分に新しい風が吹き込んでくるような思いがした。

考えてみると、相手に向けて「したいことをすればいい」と口にすることは簡単だが、それを態度や行動で示し続けること、真に言行一致であることは本当に難しいと思う。自分が親や大学教員になり、本人のしたいことを最大限に尊重したいと頭では思いつつも、こちらの色々な我欲や見栄、時には焦り、相手への勝手な値踏みなどもあって、安全で無難な、あるいは手っ取り早い方向に相手を押し進めたくなることもある。それが「教育」「しつけ」「相手のためを思ってこそ」といった言葉で覆われかねない時、自分の足場がぐらつく感じになることもあるが、その点、佐治先生は見事にその姿勢を堅持していらしたと思う。

その「したいことをする」に関しては、佐治先生の院の授業で *Carl Rogers on personal power*（Rogers, 1977）を原文で読んだ時のことも印象深い。受講生が各々、興味ある章のレポーターになり、私は「第二章　新しい家族と古い家族」を選んだ。そのなかに、フランスのある産婦人科医の試みについて「乳児が、出生のプロセス全体を通じて、理解され、彼らのコミュニケーションが尊重され、感情移入的に扱われるというように、一人の人間として遇されることのもつ深い価値を〜」という一文があった。新生児研究が殆ど進んでいなかった当時（一九七八年頃）、「赤ん坊を尊重し、理解的に取り扱うことによって、（中略）安定感と好意ある愛情を経験しながら（新生児が）新生活にゆっくりと入ってくる方が（中略）子どもの心理的発達ははるかに良い」という文章に強く惹き付けられた。けれども自分はフランス語を読めないし、「ここが印象的でした」と感想だけ言っても面白くないし、どうしたものかと考えあぐねていた。と、ある書店の写真集コーナーで、『誕生の詩』（一九七八）という、出産直後の新生児の写真集を偶然に見つけた。そのカメラマンはお産の時に静かな声で「ようこそ、この世に」「写真を撮ってもいい？撮らせておくれ」などと新生児にそっと声かけをして写真を撮ったとある。「ロジャーズが本文で言いたいことと、この写真集は一脈通じている！授業にこれを持参しよう」と思い立った時の興奮。そして実際の授業で佐治先生はじめ皆が興味深く写真集を見て感想を種々返してくれた時の嬉しさ。大仰ではなく自分のセンスを信じていいし、アンテナや拠り所にしていっていいんだと、また「偶然」がもたらす幸運を素直に信じてよいとも感じた。

ロジャーズは、この *Carl Rogers on personal power* の「日本の読者へ」（畠瀬訳、一九八〇）という文章の中で、「本書は、『静かな革命』を描いています。それは、人間を尊重する世界の可能性を志向しています」、「私は本書を楽しみながら書きました。なぜなら、自分の一生の仕事を新しい視野から眺めることを可能にしてくれたからです。私はその仕事の中に新しいタイプの権力関係への示唆を見続けてきました。そこでは、人間自身のパワーが育まれ、パワーが共有され、他を支配する権力は反生産的なものとして見られています」などと述べている。この「パワーが育まれ、パワーが共有され」る経験を、院での合宿や授業、そしてケースカンファレンスや他の方とのケースのコ・ワークなどを通して、徐々に自分は身に付けることができたように思う。当時、院の先輩方も皆、時間がたっぷりあったのか、心理教育相談室の控え室におられることが多く、そこで延々とケースの話をしたり、後輩ともどども「どうしてこの分野に進もうとしているのか」などと直球の問いを互いに投げかけあったり、難解な洋書を解体新書を読むが如くに読んだり、どういうわけか皆で太鼓などを叩いて音楽?!を即興で奏でたり、私が他の方々に日舞を伝え盆踊りのように踊ったり、お酒好きな佐治先生を中心にカンファレンスの後はよく飲みに行ったり……等々。人とのこういった関わりは、中・高や大学時代に部活などを通じ体験してきた人にとってはごく当たり前のことかもしれないが、私にはどれもが新鮮で面白かった。そしていつの間にか、人と本音で話せることの気持ちよさや、人と真剣に関わり合うことの手ごたえなどを実感できるようにもなっていった。

と、ここまでの文章を読み返すと、院での体験を美談にまとめすぎているような、少し落ち着かない思いもする。先に「どれもが新鮮で面白かった」と記したが、そのなかには、自分が大きく揺さぶられたり、それまでごまかしてきたことを待ったなしにズバッと突きつけられたりしたことなども含まれる。例えば佐治先生からは、「君は孤独な人だねえ」とか、「陰影礼賛という言葉もあるだろうに……」などと言われたりしたことがある。この二つは文脈こそ異なるが、自分が明るくごまかそう、スマートにやり過ごそうという馴染みのパターンでお手軽に対処しようとした時のことであり、言われてショックであると同時に「ああ、本当にそうだなあ」と心の底から思えた言葉でもあった。また、ある後輩から自分の言動について「それはいけないと思う」と面と向かって真摯に注意された時も、その後輩への尊敬や信頼の思いがさらに高まったことが、我ながら不思議でもあった。

このように大学院ではＰＣＡを単に知識として理解するのではなく、体験や人との関わりを通じてその良さを実感できたこと、佐治先生やロジャーズが触媒というか、ひとつの磁場になって、そこにいる人の「パワーの共有」が自然発生的に生じていたこと、これらについてどれほど幸運だったと感じているか、このへんについて少しでも伝えることができていたら幸いだ。その土台があってこそ、心理臨床の仕事に進む覚悟も定まったといえる。しかし、そこで身に付けられたように思っていたことが真に本物かどうか、否、本物にしていくためには、私は次の職場において、しっかりと試され鍛えられる必要があったようだ。

アサーションとの出会い

アサーション（assertion）とは、「自分の気持ち、考え、意見、相手への希望などを（相手に伝えたい時には）それをなるべく率直に正直に、しかもその場に合った適切な方法で伝えようとする自己表現」（平木、二〇〇九）のことであり、また「自分と相手を共に大切にしようという、相互尊重の精神で行うコミュニケーション」のことである。このアサーションと三〇歳前後に出会えたこと、そしてその後もずっとアサーションについて学び続けられてきたこともまた、自分を幸運とみなす理由のひとつである。

二〇代半ばである大学に助手として就職したのだが、その頃（一九八〇年頃）は男女雇用機会均等法も育児休業法も影も形もない時代であり、お茶を煎れること、会議後などの、吸殻が山盛りの灰皿を掃除すること等々、色々なことが時として「助手だから」「女性だから」ということで求められた。同時に、「周りの人から良く思われないといけない」「女だから駄目と思われないよう頑張るべきだ」などと当時の自分は思い込んでおり、あらゆる要求に完璧に応えようと己に鞭打っていたと思う。気付いたら、上司から頼まれた私用を果たすことで研究日が一日つぶれたり、子どもの保育園の迎えに遅れないかと気もそぞろの時に、車で自宅まで送って欲しいと上司から言われるとそれに応じ、園の迎えに間に合わないことも多々あったりした。そして週末は、持ち帰った大学の仕事に一日中追われることもざらだった。「院生活では皆がＰＣＡ的でとても恵まれていたが、世の中には色々な人がいる。相手を都合良い道具のように考えたり、自分に従順かということに主な評価基準を置いたりする人や、気分次第で相手を怒鳴りつけるような人もいるんだ」などと心中では怒ったり毒づいたりしつつ、表面上は仕事をとにかくこなす従順な部下という状態が数年続いていた。

助手の仕事の傍ら、心理臨床の仕事も続けていたが、その頃、あるクライエントさんから実に的確なクレームを言われた時に素直に耳を傾けられず、ただ自己弁護ばかりしようとしてしまい、自分で愕然としたこともある。佐治先生に定期的にスーパービジョンを受けに行ったり、院の先輩・後輩に愚痴を聞いてもらったりと、色々と支えられ助けられてもいたが、しかし肝腎の自分が「今の自分はとても苦しい。このままでは駄目になりそう」ということに立脚できておらず、「どうにかやっていけるはず」と、またまた格好をつけてごまかそうとしていた。三〇歳頃の自分はそんな感じであり、いわば「自己一致」がまだまだ中途半端であり、借り物でしかなかったといえよう。

その時に平木典子先生のアサーションの講座と出会い、世界がひっくり返るような衝撃を受けた。例えば、嫌なことは嫌と言ってよいこと、「ノー」と断ってよいこと、それが自分にとって影響力の大きい、もしくは立場的に上に居る相手であってもそうしてよいこと、そのような表現は人間としての基本的権利、すなわち人権であること、また、理不尽なことや不愉快な目にあった時など怒りを感じるのは当たり前であり、その怒りを相手に分かり易く伝えてよいこと、お互いにアサーションをしてよいのだから人との間に葛藤が起こるのも自然であること、などなど。今、このように列記するとすべて当たり前と思うことばかりだが、その頃の自分は「そうしてよい」と思えておらず、こういった事柄に初めて触れた時には世界がぐるぐる回る思いがした。実際に帰りの電車内で眩暈がし、また網棚にかばんを置き忘れたりもしたが、「ここには何かとてつもなく大事なこと、自分に必要なことがある。それをどうにかしてつかみたい」との思いを強くいだいた。

その後、アサーションについて学べば学ぶほど、アサーションはPCAと深いつながりがあると確信するようになった。アサーションでは、自分が今、何を感じたり考えたりしているのか、それを自分は相手に言いたいのか、それとも今は黙っていたいのか。言うとしたら何をどんなふうに言いたいか、こういうことをつかんだり選択したりしていくのはその個人以外にはない、とみなす。無論、その個人が考え易くなるようにと他者が適宜サポートしたりすることはあっても、本人に取って代わって他者が決めたり、「こういう言い方があなたにはよい」などと指導したりはしない。その際に「すぐに言いたいことをつかみきれなくても構わない。ゆっくりと確かめながらでもいいし、さしあたってこうかなというところを言葉にするなどしてみて、その上で、それが自分の言いたいことと真に噛み合っているか、また確かめていけばいい」ということも重視する。これは、個人に自己信頼の力を醸成すること、また「自己一致」の力を育てることに他ならない。「体験過程」を育て、かつ、それを賦活することにも通じる。同時に、「自分の言いたいことを相手に言ってみたら、相手がそれをどう受け止めるか、相手から何が戻ってくるか、まずは相手からの反応を待ってみよう。相手もきっと言いたいことなどを何か返してくれるだろうから」といった、他者への信頼もベースに置く（勿論、相手から暴力・暴言・ハラスメントなどいっそう不快な言動しか返ってこない場合、あるいはそう予想されるような危険な場合などは、「言えない」ではなく、自分で自分を守るために「言わない」を選ぶので構わない。アサーションとは、何事も明瞭に表現しないといけないといった、一枚岩的なハウツーものとは大きく異なるものである）。さらに、個人の年齢、性別、立場、職種等々の外的属性に関係なく、「他者のアサーションの権利を侵さない限り、誰もが自分のアサーションの権利を使ってよい」とする基本的視座や人間観は、見事にＰＣＡと重なり合う。

私は当初、職場でサバイバルできること、もっと気持ちよく日々の仕事をしていけることを主目的としてアサーションを学んだわけだが、学び始めてすぐに、これを子どもたちや若い人たちに伝えていきたいと願うようになった。ひとえに、もっと若い頃に知っておきたかったと痛感したからだが、それだけでなく、アサーションを知ることで、楽になれたり、自分に自信をもてたりする子どもや若者が大勢いると、それまでの小児科や学生相談等の心理臨床実践を通じて実感したからでもある。それで、試行プログラムを作っては色々な学校などで実践させてもらい、子どもたちや学校の先生方などから意見や感想をもらい、より良いものに練っていく作業に精を出したりした（園田・中釜、二〇〇〇）。

その後、アサーションについてあれこれと考えたり、アサーションの講座やアサーション・カウンセリングを実践してはそれを見直したりする活動は、現在まで三〇年以上経っても飽きることなく面白い（園田、二〇一八ａ；二〇一八ｂ）。その際、アサーションの本質は誤解されないようしっかりと分かり易く伝えること、そして、受け手がそれをどう受け止めるか、その自由度は最大限、保障すること、ゆえに、困惑や批判、抵抗なども歓迎し、大事にすること、これらのことを極力、心がけているつもりだ。また、アサーションが効果的な話し方の教示といったハウツーものではなく、自己信頼や他者信頼、人権感覚などを育てゆくものであることを中核に据えつつ、同時に、実際のコミュニケーションや人間関係に困っている子どもや大人が早くに良い方法を取り入れ、身に付けたいと切に願う思いも尊重し、それにも出来る限り応えたいと念じている。

考えてみると、大学院でのPCAの学びは、実に恵まれた、いわば理想に近い環境での体験だったといえよう。一方で、二〇代半ば以降、職場で苦労したがゆえにアサーションを学び、実践できるようになろうと模索した日々は、よりいっそう自分をPCAに近づけるための鍛錬の時間だったと思う。アサーションを学び、実践しようと試みていくうちに、PCAが、そのなかでも特に「自己一致」が我がものになってきたと感じている。延々と続けてきたお陰か、カウンセリングも前よりうまくなっていると思うし、今は大学院生たちと共にケースについて話し合うことも楽しい（院生の側もそう思っているか？ちょっと不安だが）。かつては、二〇代半ばで勤めた職場は必要な場だったと少し無理して自分に言い聞かせていた面もあったが、今は素直にそう思える。やはり自分は幸運な人間ではないだろうか。

おわりに

おわりにひとつ付記したいことがある。それは、同居している高齢の母の在宅介護が二〇一八年六月から始まり、自分のPCAやアサーションが日々試される機会がさらに増えたと感じていることだ。母には軽い認知症もあり、頓珍漢な行動をしたり、同じことを延々と言ったりもする。そういう時、前は難なくできたことや覚えていたことが分からなくなったりするのはどんな思いだろうなどとPCA的に受け止めようとすると、その場にふっと柔らかい空気が生まれる。また、アサーションを心がけ、穏やかに分かり易く伝えようとすると、母は「わかった」と言い、その場限りにせよ物事が比較的スムーズに進み易い。他方、私がちょっとでも棘のある言い方をしたりすると、母は時には激しく怒り、時には落ち込んで動かなくなったりもする。こちらの基本姿勢というようなものが、おそらく感覚的に伝わるのだろう。ゆえに、自分にとってPCAやアサーションは心理臨床の仕事上のみならず、日々の生活での指針でもあり重石でもあると改めて痛感せざるを得ない。母との今の日々について幸運とはいえない。が、またいつか、そう思える時も来るだろうかなどと考えている。

●文　献

アクスライン・V・M／岡本浜江（訳）（一九七二）『開かれた小さな扉：ある自閉児をめぐる愛の記録』日本リーダーズダイ

ジェスト社
ベリイマン・T／ビヤネール多美子（訳）（一九七八）『誕生の詩：あかちゃんのはじめての時間』偕成社
平木典子（二〇〇九）『改訂版　アサーション・トレーニング：さわやかな「自己表現」のために』金子書房
Rogers, C. R.（1977）*Carl Rogers on personal power*. Delacorte Press.［ロジャーズ・C・R／畠瀬稔・畠瀬直子（訳）（一九八〇）『人間の潜在力：個人尊重のアプローチ』創元社］
佐治守夫（一九六六）『カウンセリング入門』国土新書
園田雅代（二〇一八a）『「私を怒らせる人」がいなくなる本』青春出版社
園田雅代（監修）（二〇一八b）『イヤな気持ちにならずに話す・聞く：アサーション』合同出版
園田雅代・中釜洋子（二〇〇〇）『子どものためのアサーション自己表現グループワーク：自分も相手も大切にする学級づくり』日本・精神技術研究所、金子書房（発売）

セラピストのスタンスの探究からナラティヴ・プラクティスへ

無藤清子

どのように模索・探究しながら現在に至ったのかという問いに対して、私なりに歩んできているところを改めて言葉にしてみたいと思います。

私は、もともとはクライエント中心療法／パーソンセンタード・アプローチ（以下ＣＣＴ／ＰＣＡ）を基盤とし、ＰＣＡから出立して、現在はナラティヴ・セラピー／ナラティヴ・プラクティス（以下ＮＴ／ＮＰ）の理念を活かした心理臨床実践に取り組んでいます。魅了され基盤としてきたＰＣＡから、なぜわざわざそのような困難な方向（と感じています）に惹きつけられているのでしょうか。

これまで、教育相談、学生相談、女性の相談などをして、今は介護・医療領域での相談などの仕事をしています。現在は、訪問看護ステーションで在宅療養中の本人（主に高齢者）とその家族に会っています。また介護者支援の活動にも関わっています。どの現場でも変わらず是非とも実現したいと思うセラピストとしてのスタンスがあります。それをめぐって折々に岐路に出会ってきました（以下の各節は岐路にほぼ対応しています）。そもそも、ＰＣＡとＮＴ／ＮＰとは認識論的に異なり、両者は簡単に統合できるようなものではありません。また、有用テクニックとみなしたものを寄せ集めて使うのは避けたく思うのです。けれども、その両者に共通する大切な視点に導かれてきているように感じています。私自身が大切にしている姿勢や視点とはどのようなものか、それを実現するにはどのような課題があるのか、どのように今後も探究し続けたいか、このようなことについて語らせていただければと思います。

ＰＣＡを基盤に

［ＰＣＡにどのように魅了されたか］

そもそも自己実現への傾向をどの人も持っていて、ある土壌さえ整えられればそれが発現するというＰＣＡの理念自体に惹かれた。何よりも、来談者への尊重が大前提となっており、しかも、それはセラピスト側のつもり（意図）に留まらず、クライエントとの具体的な言葉のやりとりを実証的に検討して導き出した概念として現れている。セラピストがどのようなあり方（way of being）を実現できれば、その土壌の醸成に貢献しうるのか、私が大切にする尊重

（respect）を実際に行動として遂行しうるのか、が示されている。そして、その中核的なあり方の記述は、セラピストの姿勢に対する問いかけにもなっていると感じられた。

とりわけ内的照合枠への照合、体験過程への照合は、および、それをクライエントに伝えることは、大きな指針となった。今はまだ言葉になっていないことに関して、内臓感官的なところまでも含めた前言語的な過程に照合することを通じて、体験過程と理解の間の相互作用が進み、それを言い表す言葉を生み出していく。そういう言葉が生み出された時には新しい体験となり、このような積み重ねを経て変化が起こる。実際、クライエントにとってぴったりくるこのような言葉を対話の中で一緒に見出していくのは、とてもわくわくする体験である。しかも、その照合は、一方向的に来談者の心の中を二人で見ようとするというようなことはなく、双方向的に、セラピストの側の体験過程への照合も対話に反映されて活かされる。なお、来談者自身の体験過程に照合する来談者本人の責任について、当然のように言及されている。これは、来談者はケアされる人というよりも主体的な探求者だ、という見方を表していると理解し、私の求めるものに合うと考えたのだった。

［精神内界への傾倒と真の自己同士の出会い］

しかし、体験過程への照合には隘路もあるように思われた。自分の面接の逐語録などから面接でのやりとりを見直してみると、短いタイムスパンでの各やりとりはいわば誠実であっても、もう少し長いスパンで見ると道に迷ったり堂々巡りをしたりしていることがあった。クライエントがどこに向かおうとしているのか、また、どこに向かうのが望ましいのかについて、セラピストが分かっているような気になることは厳に避けていたつもりだった。かといって、一緒に堂々巡りしているのでは済まない。

そのような時に、精神内界への傾倒とでも言うのだろうか、暗がりで手元の灯をともしながら共に歩むというような時に、恩寵のように裂け目が生じてその奥に「真実」が垣間見えたと感じるようなことがあった。そのようなことが毎回のように起こるのを期待すべきではないと思ったが、もしそういうことが起こった場合には、それを言葉で同定してもらって道標のようにした。その当時、毎日八人以上の面接をする日々で、いわば内界に心を開かれたような自我状態でその時期を過ごしていた。

このような精神内界への傾倒をしていた当時は、面接室はある種の器であって、クライエントの前言語的な世界も含む内界を拡大した世界であり、その中にセラピストが入れてもらう、という感覚だった。そして、面接終了時は、その柔らかい心から日常の心のモードに切り替えてもらえるような会話をしてから（例えば、意識的に私の声の調子を変え、ちょっとした日常的話題に言及するなどして）、過酷な日常世界へと境界を越えて送り出すというような感覚でいた。他方、エンカウンター・グループにも熱中していた。人とのやりとりの中で自身の「真の自己」にふれること、そして、真の自己同士の出会いを促進したいと考え、実際にそれを体験してもいたと思う（無藤、一九八四）。

しかし、その一方で次第に、自分が大切にしていることを十分に大切にするような実践ができていない面があると感じるようになった。個人の探究や変容に焦点を当てることで、より広い文脈からの影響を視野に入れずに問題を個人に還元している面が強いのではないか、より広い文脈からの影響に対処できていないのではないか、と考えるようになったのである。

ロジャーズはＰＣＡという言葉をセラピー以外の領域でのアイディアに使ったと言われており（Sanders, 2004）、この問題は、ＰＣＡでは、真の自己と自己との出会いを促進することによって、社会全体がより人間的に変化するように働きかけるという形で対処されている。「静かなる革命」（Rogers & Russell, 2002）と言われるゆえんである。彼は、エンカウンター・グループを通じて、参加者間の共感的交流の促進に携わるばかりでなく、コミュニティのあり方や国際的平和（国家間・民族間の葛藤の緩和）をめざして活動した（関西人間研究センターでＤＶＤ・逐語録入手可）。ロジャーズは、出会いの真正性についての探究が深く、理想的な社会に向けた活動（教育はもちろん、社会政治的な面までも含んだ活動）にかける真摯な熱意に並外れた人物であったと思う。しかし、社会文化的文脈についてはあまり取り上げていないようにも見受けられた（例えば、映画『出会いへの道』（*Journey into Self*）の中での人種やジェンダーなど）。なお、リーダー同士の真の出会いから影響が及んで、集団や国の間での緊張緩和・平和が促進されるというアイディアも、その理念や活動にかけるエネルギーと人を巻き込む力の大きさに感服する一方、影響が及んでいく方向としてはトップダウンであるようにも感じられた。

社会文化の文脈を視野に入れる

［社会文化にセンシティヴな実践］

社会文化的・経済的・政治的な文脈の中で自分がセラピストとしてどのような役割・機能を果たしているかについて、私はこの仕事をするようになってからいつも意識してきた。最初の仕事が、まるで数種の市民の居住地区があるかのように感じられた地域であったことも、それを助長した。素朴な言葉の使い方をする古くからの農家、心に気を配る余裕のない経済水準が低めの家族、マイホームを獲得し移住してきた中年期の家族、新設団地の若い核家族など、それぞれが違う文化・歴史を持っていると感じられた。将来の思い描き方も、言語感覚も、教育相談への期待も大きく異なっていた。その中で、私自身が持つ経験・人生背景や人間観・セラピー観、また育った頃の時代精神などが、私自身のセラピーに陰に陽に影響を及ぼしていると実感し、そのことに自覚的であろうとした。

他方、同業者や連携する人たちとの話から、教育相談における親（特に母親）への期待の持ち方や親面接の目標設定に対して、セラピストの持つジェンダー観が影響しているとの印象を持った。それを伝えたく、主要誌掲載約一〇〇例の事例研究において、治癒像として記述されている表現について、クライエントとセラピストの性別などをもとにメタ分析してみた（無藤、一九九五）。これは、一部とはいえいくつかの領域の人たちから歓迎され、この視点の重要さを再確認することとなった。

私は自分の立場や実践について、ジェンダー・センシティヴという表現もとったこともあったが、実際は、ジェンダーに限らず社会の文化・歴史、法や福祉の制度・施策なども含めたラージャーシステムの文脈を視野に入れた対話をめざしていた。これは、ＰＣＡの基盤を保持したままに、その上に家族臨床心理学的な視点を付け加えることであると位置づけていたので、セラピストとしてのスタンスについて齟齬はないと考えていた。

［セラピストがクライエントに強く望む具体的方向がある場合の課題］

自身のスタンスについて大きな課題が出てきたのは、私が、クライエントに望みたい方向を具体的に強く抱くような場合であった。そこでは、自身のことをいちばんよく分かっているのはクライエント本人だ、ということに基づくＰＣＡのあり方でいるのが難しい場合もあった。

そもそも、クライエント中心療法に魅了された時から、私にとっては、心理臨床が来談者への尊重に基づき、その尊重が（ここでは、共感的理解と無条件の積極的関心が）クライエントに伝わっていることは必須であった。ある具体的な変化をクライエントや家族などに引き起こそうという意図を持って、介入して操作しようとするようなセラピストのあり方は、私にとっては論外であった。そこで、どうしても伝えたいことがあると自覚した場合には、むしろ明示的に自分の考えなどを示して、それを一つの選択肢として検討するのか否かをクライエントに委ねるような言語的やりとりをした。その方式には、クライエントが、セラピストの側について理解しようとしたり推し量ったりしなければならないという問題点はあった。しかし、セラピストの専門知が優位だという見方を打ち消し、クライエント自身の考えや感情こそが大切なのだ、それをいちばんよく分かっているのはクライエント本人なのだから、ということが伝わるようなやりとりとも言えると考えた。今の成り行きでよいと感じているかどうかを折々に尋ねて、今二人がしていることをメタの視点で見る、などもしていた。そのように、セラピストが良いと考える方向へとクライエントを誘導しないようなセラピストのスタンスを実現したいと努めていた。

しかし、ある方向へと働きかけたい思いが強くなって困難を覚えた場合があったのである。

例えば、高齢者虐待防止関連の事案の場合である。被虐待でのリスクが高いのだからセラピストからの誘導・介入も許される、とは考えることができなかった。たとえ私が何か適切な質問をすることができて、より安全な方向への展開が生まれた場合でも、結果良ければ全て良しと単純には喜べなかった。質問一般に言えることだが、特に私が強い意図を持ちつつ発している質問は、クライエントの中でその時点で思い浮かんでいる／思い浮かぶ可能性がある語りのいくつもの岐路の中で、ある方向を選ぶよう後押しすることになる。その時にクライエントに浮かんでいた他の道（方向）は、過ぎ去り忘れ去られていくだろう。そのようなことが刻々起こっているわけであり、いくつもあり得る岐路のうちの一つを後押しすることの妥当性はどう担保されるのかと悩んだ。

別の例は、援助職がカウンセリングにつないでくる次のような場合である。今にも倒れそうと周囲が心配する程に全てを捧げて無理を重ねながらも、微笑んで家族への介護に打ち込んでいる人たちがいる。その中には、どうしても私には、社会文化的要請の強い影響が明らかなように思える人たちもいた。社会文化的要請というのは、介護は女性が担うもの・配偶者がするものなどの社会的規範や、良い介護者規範などである。良い介護者規範とは、家族介護者（インフォーマル介護者）は要介護者のための大切な「資源」であり、専門介護職にとっての「協働介護者」であるという考えである。何と言っても要介護者本人がいちばん辛いのだから、要介護者の資源として「良い介護者」になるべきだということである。このようなことを「家族への愛情」として大前提にしていて、かつ、そこからの苦しさが非常に強い人の場合には、社会文化的期待・要請について共に吟味するような展開を望んだ。しかし、来談者本人が選んで今を生きているその姿を、まるで何かに圧制された結果であるかのようにみなすことは傲慢だと感じる。それでもなお、ラージャーシステムの影響をアセスメントして、それを視野に入れてみたらどう見えるかを見てほしいと、暗に誘うかのように対話の流れに働きかけてしまう時があった。そういった場合、エピソードのどこかに着目して、そのほつれ目に何があるか見てみようと誘うような焦点の当て方で質問をしている自分に気づく。ここで問題と考えているのは、セラピストの専門知の優位性という力関係である。同時に、このように自戒していること自体が力関係を表していると思えて不自由になり、セラピストの持つ影響力を過大評価しているような失礼さも覚えた。実際、その後、介護ということの概念が変わるような、介護者との鮮烈な出会いもあり、私が知っていると思うことの狭さを痛感したりもした。そこで、セラピストとしてもっと自由なあり方を、また、明確な協働作業としてのセラピーをと、さらに望むようになっていった。

NT／NPへの方向転換をセラピストのスタンスの枠組みから考える

NT／NPへ舵を切る考えを持ったのには、主にマイケル・ホワイト（White, 1995；1997；2007など）からの刺激や学びが大きい。NT／NPに魅力を感じたのは次のような点であった。①いちばん自分のことを分かっている人として相談者を尊重することが基盤にあり（これはPCAと共通）、さらに、②社会文化的・政治経済的文脈を視点に入れることを中核に含み込んだセラピーであること、また、③セラピーにおける権力関係（来談者とセラピストとの力関係の不均衡）への確かな取り組みと倫理の理念があることである。さらに、次のことは、舵を切るにあたってとりわけ大きな学びとなった。④人の人生において、以前からあるのに気づかれずにないがしろにされてきた自身の自発性（私的行為体 personal agency の感覚）と、その基礎として、自身の人生において価値を見出して求めているものとに、来談者本人がアクセスする場としてのセラピーであること。ちなみに、NT／NP（以下引用は White, 2004）は、「文化的媒体としてのナラティヴ」という理解を持ち、「人生ナラティヴは、社会・文化・政治と無関係に突発的に生まれるのではなく、文化的で歴史的な知識と実践によって形作られる」とみなしている。「ナラティヴに刻み込まれているのは、特定の生き方を保証する人生の知識と、特定の関係実践と自己形成のテクニックに関する人生知識であ」り、よりナラティヴに資源化された文脈の中でこそ、「さもなければないがしろにされたであろう人生経験に意義を見出すことができ」、自分たちの人生が「複数にストーリー立てられていると経験する」ことができる、とする。そのために慎重な足場作りの会話が行われるのである。このような観点と会話の進め方については、セラピストが「影響的」だと言えよう。しかし私は、脱中心化しながらこれを進めることをめざしたいと考えた。

ＰＣＡとＮＴ／ＮＰとの統合も模索したのだが、そもそも人間学的アプローチであるＰＣＡと、人間学的な概念を脱構築しポスト構造主義に立つＮＴ／ＮＰとでは、その認識論は本質的に異なり、いいところ取りでＮＴ／ＮＰを活かそうとすれば、かえって両者の本質を損なう。また、これを一つのナラティヴ・ターンとしておさめて了解するには、それまでＰＣＡのスタンスで体験してきたクライエント・セラピスト両者の居心地や、ＰＣＡで起こる展開の持つ魅力が大きかった。そのため当然のことなのだが、当初から変わらず大切にしている「来談者の来談者自身への専門性を尊重する」ことと同時に、ＮＴ／ＮＰの「影響的である」ことについて、どのように整合性を持てるのかが大きな問題となった。実践上どのように実現しうるのかという難問に、現在まだ取り組んでいるところである。

この取り組みにおいては私は、セラピストのスタンスを二つの軸で整理する枠組みを使って考えている。〈来談者を自身の専門家とみなす――セラピストの専門知の優位〉、および、〈セラピストが影響的である――影響的であろうとしない〉という二つの軸である（無藤、二〇一五。この二軸の骨組み自体は White, 2005 に拠る）。この二軸を交叉させる枠組みで考えると、ＰＣＡ（クライエント中心）とＮＴ／ＮＰ（セラピストが脱中心化）は、「来談者を自身の専門家とみなす」という点では共通している。しかし、影響的でないか／影響的か（non-influential/influential）という軸においては、セラピストのスタンスが異なる。ここでは、「影響的でない」とは、クライエントにとって良いとセラピストが考える方向へクライエントが変容するようにと、介入したり誘導したりはしない、影響を与えようとはしないという意味で使っている。広義のＮＴに含められるアンダーソン（Anderson, 1997）のコラボレイティヴ・セラピーは、この点でＰＣＡとの類似も指摘されている（Anderson, 2001 ; Hoffman, 2002 ; Monk & Gehart, 2003）が、ここでのＮＴ／ＮＰは、主にホワイトのこととする。

ＮＴ／ＮＰに舵を切るということは、セラピストが「脱中心化する（来談者は自身の専門家）」かつ「影響的である」という二つを同時に成り立たせることを意味する。この難題について、一つには、セラピストが脱中心化するということ、そしてもう一つ、社会的認証（social acknowledgement）・多様な声が響き合う共同性、という二つの側面から考えている。

「セラピストが影響的でありつつも脱中心化する」実践（1）——良い質問

では、「セラピストが影響的でありつつも脱中心化する」をどう実践するか。その中心が

「良い質問」であろう。ＰＣＡでは質問する場合には、私の理解についてこれでよいかと相手に確認する形で、結果として体験過程への照合が促進されるような質問をしていた。ＮＴ／ＮＰでは、どのような表現の質問をどのように発するかが中核にあると思う。人がその人生のオルタナティヴな知識にアクセスすることができるようになるには、「良い質問」が役立つからである。セラピストが行く先を指定するわけではなく、来談者本人もまだ答えを知らない「良い質問」とはどういうものだろうか。

以前私は（無藤、二〇一五）、ホワイトのセラピストの脱中心化を支える姿勢として、次のことを挙げた。①心からの好奇心をもってそれを表すこと、②終わりのない見習いを続けること、③セラピーにおける権力関係（power relations）に対する徹底したセンシティビティ、④コラボレーション倫理、である。この①②③については、ロジャーズとホワイトには似たところがあると考えているが、③のホワイトの徹底したセンシティビティ、飽くなきモニタリングの姿には打たれる。ホワイトは、権力の不均衡のない治療的文脈を確立することができるのだと信じるのは危険だと言明しており、私もこれに同感である。すべきこととは、その不均衡のリスクを来談者がモニターできるような場とするための構造を作る責任を果たすことだと思う。

ホワイトの盟友のデイヴィッド・エプストン（David Epston）はセッション後に相手にインタビューし、相談者が述べる「良い質問」の特徴を次のように抽出した（小森二〇〇八付録と、二〇一八年一〇月のエプストンのワークショップでの話を合わせて意訳)。(a)好奇心が駆り立てられて、答えを知りたくてたまらなくなる質問、(b)考えたこともなかったことだけれど、私の手の届くところに答えがある質問、(c)私を捉えて離さず、放ってはおけない質問(犬が骨をもらった時のように、ずっとしゃぶっていたくなるもの)、(d)(バスが走っていないような)未知の領域を扱っているもの、(e)たとえ答えがなかったとしても、もっと良い質問・疑問を導き出すような質問、の五つである。(b)は、ヴィゴツキーの発達の最近接領域をホワイトが強調していることとも関連するだろう。本人がまだ知り得ていないがもう少しで知ることのできるところにアクセスすることをめざしているからである。ホワイトによる最後の著書(White, 2007)には、「良い質問」のヒントが満載である。来談者にとって「良い質問」と感じられる質問とは、来談者の側の自身への好奇心や探究心が生き生きと活性化され、自身のエイジェンシーが働くようなものだということが分かる。来談者がこういう生き生きした状態であれば、質問によってセラピストが文脈を操作するような影響が生じにくいはずである。このような「良い質問」を紡ぎ出したいと思う。

「良い質問」を紡ぎ出すには、セラピー外で研鑽を積むということよりも、セラピーの場で自由であることが大切なのではないかと考えている。「セラピストが影響的でありつつも脱中心化する」を実現できているか否かにとらわれ過ぎずに自由に、つまり、認識論の違いに圧倒され過ぎずに、いわば軽やかな足取りで探究していきたい。そして、私にとってその自由さは、PCAで培った対話の姿勢とスキルを活かすことに貪欲に、開かれていることのように思う。実際、そのようにできたと感じられる時には良いセッションになっているように思われる。

PCAで基本的な姿勢に加えて培ったものとしては、例えば次のようなことがある。セラピー中には、何を話しているのか（内容）、どのように話しているのか（心身全体を含んだプロセスと、体験過程への照合のあり方）、話していることの意味（意味とその探究）、ここで今何が起こっているのか・今何をしているのか（メタの視点）、などの視点を同時に持つ。また、その多くを折にふれて相手と共有・相互確認する。今の会話の成り行きについて、これでよいと思っているかどうかを尋ねるのも定番である（会話途中でフィードバックを求める）。ここでの話の流れは、あなたにとって良いと思えるものか？あなたが話し合いたいことを話していると思うか？他にもっと話したい方向があるか？などである。これは、来談者が自身の専門家であることを如実に伝える。なお、ここで体験過程への照合を持ち出しているのは、語られる内容の深さ／浅さという次元のことではなく、その言葉がその人のどのあたりから発されているのかを感じ取る感覚を頼りにしているということである。生活の中での具体的な体験に近いところからか、人生でこだわっている大切なことなどに近いことか、ぴったりの言葉はまだ見出されていないけれどそれにかなり近いのか、身体の感覚はどうか、などである。なお、セラピストの自己一致、および、言葉（体験過程への照合と対話を通じてぴったりする言葉を見出すという意味での言語化）に大きな信頼をおいている。とにかく、話していて何が生み出されるかわくわくするような会話を、と思う。

ホワイトに対しては、時に構造化されている部分を感じたり、良いかどうかの階層化が見られるように思ったが、それらを大きく上回って多大な刺激を受けた。ホワイトの膨大で緻密な知的作業の裏付けのある実践は、闊達な自然さと暖かなコミットメントに満ちている。セラピーにおいてセラピストが主体で来談者は援助を求める客体であるという二元論に対して、ホワイト（White, 2011）は、この仕事がセラピスト自身の人生をもいかに変えるものなのかを同定し認証する（acknowledge）よう主張している。この点にも強く同感する。

「セラピストが影響的でありつつも脱中心化する」実践（2）
――社会的認証と、多様な声が響き合う共同性

「セラピストが影響的でありつつも脱中心化する」という課題に対して、良い質問を発することよりさらに抜本的な対処であり、実践の中核でもあると考えることについて見ていきたい。この実践を評価する背景としては、ＰＣＡのベーシック・エンカウンター・グループの中で体験した参加者同士の響き合いや、ファシリテーターのあり方についての模索や確信などの経験

が大きな意味を持っている。

NT／NPでは選び取られたストーリーが分厚い（thick）ことが重要で、その分厚さは社会的に認証されることによって確保される。そして、その認証が生まれる共同性のある場を生み出すことも、NT／NPのセラピストの役割に含まれていると考える。NT／NPでは、セラピーが個人的なものから、共同的なものになっていると考えられる。ホワイト（White, 2004）は、人がこうなりたいと好む真正性（authenticity）は、セラピーなどでの個人的な達成の結果・真実のストーリーを同定した結果として発見されるのではないとしている。自分が好ましいと思うアイデンティティの主張が認証されることを通じて、人はその主張と一体であると経験する。社会的認証（social acknowledgement）として様々なアプローチが編み出されている。例えば、（a）手紙、認定証、記録文書、などの文書。また、（b）以前の来談者や地域の人などが登録していて、招集に応じてセッションに立ち会い、人生物語の証人となるアウトサイダー・ウィットネス（Outsider Witness）の実践、などである。

（b）は安全に運営される。話を聴いたアウトサイダーたちは、惹かれた表現、喚起されたイメージなど、個人的共鳴（personal resonance）が促進され、これを聴いたことが自分をどこに連れて行ったかについて、セラピストに対して語り返す。人生物語を語った人（相談者）は、それに耳を澄ませ、改めてセラピストに語る。ここでは、それぞれの人生が響き合う共鳴が起こる。私はこのような実践にふれて、社会の中でのセラピーというものの境界線の感覚や器というメタファー、要守秘性（confidentiality）という考え方などに大きな変化が引き起こされた。（a）については、知恵（知識とスキルなど）の共有が行われ、存命か否かに限らず相談者の身のまわりの人たちが関わる。さらに、当事者の知識・知恵を文書などの形で集積したりして、現在・未来の同テーマの来談者にも資する「リーグ（league）」や「共同研究（Co-research）」と呼ばれるアプローチには、たとえ以前の相談者と今の相談者に面識がないとしても、響き合う共同性がある。セラピーの会話自体が、来談者とセラピストとの対等な協働研究になっている。共同体的な実践であり、NT／NPが社会運動と言われるゆえんであろう。NT／NPは、消費者運動（小森）、社会運動（ホワイトやエプストン）と言われている。コラボレイティヴ・セラピーのセラピストが会話のパートナーで、NPのセラピストは社会政治活動的な実践家とも言われる（Monk & Gehart, 2003）。ホワイトは「応用脱構築活動家」（an applied deconstruction activist）とも言われたとのことである（Malinen et al, 2012）。私は、社会的な活動ということには納得だが、セラピー開始当初から協働研究に誘うということには違和感がある。セラピストが追求したいと考える価値観に相談者を引きつけようとしがちなのではないかと感じるからである。

セラピストが影響的でありつつも脱中心化するという難題には終わりはない。しかし協働研究では、セラピストは当事者たちの知識・スキルと相談者をつなぐ役割を果たしていて、専門知の担い手ではない。セラピストの背後に当事者のコミュニティ・当事者自身の専門知があるので、セラピストの専門知の優位性が減じられていると考えられる。このようにして、セラピストのスタンスの難題に対処できることになり、「セラピストが影響的でありつつも脱中心化する」ということを「セラピストが」どう実現するか、という形の問い自体が解消していく側面があると思われる。このような、一方が他方をケアするための倫理ではなく、双方向につながる倫理・コラボレーション倫理をめぐって、実践的に探究していきたいと考えている。

医療・介護を受けている人とその家族介護者とのNT／NPの意義について

以上述べたようなNT／NPへの方向転換は、主に認知症を持つ家族を介護している介護者のサポート領域（介護者の会）での経験や、在宅医療の現場での療養者本人とその家族との面接の経験から促進され、今、その現場で意義を感じている。NT／NPに魅力を感じ気に入っている点・意義を感じている点について、以下にまとめた。

一 「相談者が自身の専門家」が大前提となっている——相談者自身がいちばん自分のことを分かっている、という「尊重」が基盤にある。

二　**社会文化の文脈を中核に含み込んでいる**――医療・介護の領域での相談内容には特に、関係性（家族・拡大家族、専門職、地域社会、社会文化、法福祉制度や施策など）と、その人の人生の歴史と現在と願いとが絡み合っている。

三　**力関係の対等性を探究している**――セラピーでの相互作用も文化の関係性政治学に含み込まれていることを明確に見据えて、相談者とセラピストとの力関係の不均衡に対して取り組んでいる。

四　**医療・福祉領域などでの実践を「良い質問」が助ける**――「良い質問」が相談者とセラピストとで共有された場合には、面接間隔が大きかったり面接回数が少なかったりする場合でも、セッションでの取り組みが活かされやすい。医療・介護の現場での訪問などでは、この特徴はとても有用である。行政の介護者相談と高齢者虐待関連事案（被虐待者支援や養護者支援）を担当していた時、面接回数をじっくり確保することは難しかった。超高齢多死社会で誰もが介護者となりうる時代に、介護者相談が、介護者にとっての選択肢の一つのサービスとして存在してほしいと願っている。少ない面接回数でもより意味がある仕事ができることが、このような事業の広がりの一助となるのではないかと思っている。

五　**「良い質問」から生まれる楽しさ**――良い質問が共有された場合には、相談者はもちろん、セラピスト自身も楽しい。相手への楽しくも闊達な好奇心は、相手への尊重の現れだと感じている。

六　認証による共同性――オルタナティヴ・ストーリーがより分厚くなる認証の過程では、人と人（故人も含む）とのつながりが生まれ・改めて確認する契機となる。介護や医療を受けている本人およびその家族との相談に携わっている中で、このつながりがかけがえのない体験となりうると実感している。例えば、広義にNTと言えるディグニティセラピー（Chochinov, 2012）を実施していて、大切な人への手紙とも言われるディグニティ文書が家族や友人たちに共有されることが持つ、本人や家族・周囲の人たちにとっての大きな意味を痛感している（無藤、印刷中）。また、介護者の会（家族会）でのお互いの語り合い・聴き合い・共鳴にも、社会的認証という側面が大きい。なお、脱中心化する私自身への助けとなる側面についても述べたい。特に社会文化的にドミナントなことに取り組むこととなったセラピーにおいては、勝手ながら倫理的証人（Kleinman, 1988）としての使命のようなものを感じることがある。そのようなことが起こっていることを、今はそのことに気づいていない人たちにも知らせる使命があるのではと感じるのである。当事者の知恵（ホワイトの言う知識や技術）を他の人とも共有する協働性のある実践（Co-research など）であれば、面接で知り得たことの「倫理的証人」としての重責をはじめから分け持ってもらえているようにも感じる。

七　連携・協働と守秘――介護・医療の領域では、家族はもちろん、様々な専門職（行政、行政の訪問保健師、地域包括センター、ケアマネジャー、また、訪問看護師・理学療法士など）や非専門職（地域の友人たちやＮＰＯ、ボランティアなど）多くの関係職や関係者と協働・連携する場合が多い。通常のインフォームド・コンセントでの内容では、何をどう関係者に伝えてよいかに関して本人の承諾をタイミング良く得るのが難しい。認証の過程を含むセラピーでは、守秘ということの概念自体が変わる新しいあり方があり得ると思われる。他の活動の中では、地域の介護者サポーターとの共同研究（無藤、二〇一七）の次の段階として現在検討していることがこれに関連するかもしれない。専門職倫理の援用として則ってきた倫理規約の見直しをしているのだが、互いに支え合う誰もが安心して暮らしやすい地域社会をめざすにあたって、ＮＴ／ＮＰを活かせるものがあるかもしれないと考えている。

おわりに

まだ詰めるべき点が多いのですが、以上書いてきて、私自身が惹きつけられて取り組んできている仕事や活動が、ＰＣＡから出立してのＮＴ／ＮＰの考え方・理念でつながっているように感じています。私を臨床に導いた佐治守夫（佐治／近藤・他編、二〇〇七）は、他者に向かって・他者との間で語ることを通じて、自分の臨床経験を意味づけ、探究していったように思われます。私自身も、ＰＣＡで培ってきたものが、より良いＮＴ／ＮＰの実践につながることを願って、さらに実践的に探究していきたいという思いを新たにしているところです。

●文　献

Anderson, H.（1997）*Conversation, language, and possibilities: A postmodern approach to therapy.* Basic Books.〔アンダーソン・H／野村直樹・青木義子・吉川悟（二〇〇一）『会話・言語・そして可能性：コラボレイティヴとは？　セラピーとは？』金剛出版〕

Anderson, H.（2001）Postmodern collaborative and person-centred therapies: What would Carl Rogers say? *Journal of Family Therapy, 23*, pp. 339–360.

Chochinov, H. M.（2012）*Dignity therapy: Final words for final days.* Oxford Univ Press.〔チョチノフ・H・M／小森康永・奥野光（訳）（二〇一三）『ディグニティセラピー：最後の言葉、最後の日々』北大路書房〕

Hoffman, L.（2002）*Family therapy: An intimate history.* W. W. Norton.〔ホフマン・L／亀口憲治（監訳）（二〇〇五）『家族療法学：その実践と形成史のリーディング・テキスト』金剛出版〕

Kleinman, A.（1988）*The illness narratives: Suffering, healing, and the human condition.* Basic Books.〔クラインマン・A／江口重幸・五木田紳・上野豪志（訳）（一九九六）『病いの語り：慢性の病いをめぐる臨床人類学』誠信書房〕

小森康永（二〇〇八）『ナラティヴ実践再訪』金剛出版

Malinen, T., Cooper, S. J. & Thomas, F. N. (Eds.) (2012) *Masters of narrative and collaborative therapies: The voices of Andersen, Anderson, and White.* Routledge.［マリネン・T、クーパー・S・J、トーマス・F・N／小森康永・奥野光・矢原隆行（訳）（二〇一五）『会話・協働・ナラティヴ：アンデルセン・アンダーソン・ホワイトのワークショップ』金剛出版］

Monk, G. & Gehart, D. (2003) Sociopolitical activist or conversational partner? Distinguishing the position of the therapist in narrative and collaborative therapies. *Family Process, 42*, pp. 19-30.

無藤清子（一九八四）青年の安定と探求そして心理療法　村瀬孝雄・野村東助・山本和郎（編）『心理臨床の探究：ロジャーズからの出立』有斐閣　二〇一～二一六頁

無藤清子（一九九五）心理臨床におけるジェンダーの問題　柏木惠子・高橋惠子（編）『発達心理学とフェミニズム』ミネルヴァ書房　二〇〇～二二二頁

無藤清子（二〇一五）ナラティヴ・プラクティスとPCA：マイケル・ホワイトとカール・ロジャーズの比較と対照　村瀬孝雄・村瀬嘉代子（編）『全訂　ロジャーズ：クライエント中心療法の現在』日本評論社　一八一～二〇〇頁

無藤清子（二〇一七）高齢者の家族介護者を支援するサポーターと臨床心理士の協働　日本家族心理学会（編）『個と家族を支える心理臨床実践Ⅲ：支援者支援の理解と実践（家族心理学年報　三五号）』金子書房　七六～九〇頁

無藤清子（印刷中）在宅医療における支援としてのディグニティセラピー：訪問看護ステーションにおける臨床心理士の実践から　日本家族心理学会（編）『保健・医療分野に生かす　個と家族を支える心理臨床』金子書房

Rogers, C. R. & Russell, D. E. (2002) *Carl Rogers: The quiet revolutionary.* Penmarin Books.［ロジャーズ・C・R、ラッセ

ル・D・E／畠瀬直子（訳）（二〇〇六）『カール・ロジャーズ　静かなる革命』誠信書房］

佐治守夫／近藤邦夫・保坂亨・無藤清子・鈴木乙史・内田純平（編）（二〇〇七）『臨床家としての自分をつくること：エッセイ・講演編（臨床家佐治守夫の仕事　三巻）』明石書店　二七五～二九四頁

Sanders, P. (Ed.) (2004) *The tribes of the person-centred nation: An Introduction to the schools of therapy related to the person-centred approach*. PCCS Books.［サンダース・P（編）／近田輝行・三國牧子（監訳）（二〇〇七）『パーソンセンタード・アプローチの最前線：ＰＣＡ諸派のめざすもの』コスモス・ライブラリー］

White, M. (1995) *Re-authoring lives: Interviews & essays*. Dulwich Centre Publications.［ホワイト・M／小森康永・土岐篤史（訳）（二〇〇〇）『人生の再著述：マイケル、ナラティヴ・セラピーを語る』ＩＦＦ出版部ヘルスワーク協会］

White, M. (1997) *Narratives of therapists' lives*. Dulwich Centre Publications.［ホワイト・M／小森康永（監訳）（二〇〇四）『セラピストの人生という物語』金子書房］

White, M. (2004) *Narrative practice and exotic lives: Ressurrecting diversity in everyday life*. Dulwich Centre Publications.［ホワイト・M／小森康永（監訳）（二〇〇七）『ナラティヴ・プラクティスとエキゾチックな人生：日常生活における多様性の掘り起こし』金剛出版］

White, M. (2005) Michael White workshop notes. Published on www.dulwichcentre.com.au (September 21st 2005)

White, M. (2007) *Maps of narrative practice*. W. W. Norton.［ホワイト・M／小森康永・奥野光（訳）（二〇〇九）『ナラティヴ実践地図』金剛出版］

White, M. Denborough. D.（Ed.）（2011）*Narrative practice: Continuing the Conversations.* W. W. Norton.［ホワイト・M／デンボロウ・D（編）／小森康永・奥野光（訳）（二〇一二）『ナラティヴ・プラクティス：会話を続けよう』金剛出版］

共感的理解によるクライアント中心療法の定式化をめぐって

岡村達也

私にとってクライアント中心療法をわがものとすることは、実践上の問題というより概念上の問題だった。

一九九九年、「カウンセリングの条件：純粋性・受容・共感をめぐって」（岡村、二〇〇七所収）で、「治療的人格変化の必要十分条件」（一九五七）（選集上巻一六章）[注1]を自分の実践にどのように位置づけるか取り組んだ。

二〇〇五年、『クライアント中心療法』（一九五一）（著作集二巻）の新訳が出た。あらためて読んだ。二章「カウンセラーの態度とオリエンテーション」を読んで、クライアント中心療法とはこういうことだったのか！との思いを新たにした。共感的理解が、並列される六つの必要十分条件の一つとしてではなく、「個人の尊重」を「遂行」する「カウンセラーの役割」として定式化されていることだった。それに取り組んだのが、二〇一二年「empathic understanding の origin：その rationale としての alter ego」（未完、未公刊）だった。今回、その思いの一部だけでも記しておこうと思った。

二〇一二年の作文は放置されたが、もう一つ、気になりながら放置したことがある。共感的理解がどのようにして現れたかである。今般起稿しようとして、そのことに取り組まずにいられなくなった。そのことから記す。

クライアント中心療法における共感的理解の起源

ロジャーズは、一九四〇年一二月一一日、当時、指示的カウンセリングのメッカ、ミネソタ大学で講演を行い、これを一九四二年『カウンセリングと心理療法』（著作集一巻）の二章「カウンセリングと心理療法における新旧の見解」とし、この日をクライアント中心療法の誕生日とした。同書に共感の文字はない。一方、クライアント中心はある。一〇箇所にわたり、節タイトルに二回、本文中に一三回出てくる。しかし、それがその後のクライアント中心の意味を持っていたとは言えない。以下、その次第を見ることにもなる。

論文タイトルにクライアント中心が最初に現れるのは、一九四六年三月に出版された「心理テストとクライエント中心カウンセリング」（全集四巻四章）である。以後、クライアント中心をタイトルに含む論文は、『クライアント中心療法』までの間、六本ある。以下、これらを中心にクライアント中心の意味を追い、共感的理解にたどり着くことになる。

論文「心理テストとクライエント中心カウンセリング」は、「クライアント中心カウンセリングの原理」として四項目を挙げ、第一項で言う。「カウンセリングのは、カウンセラーが受容的で、評価しない人であり、クライアントが自分を見るとおりのクライアントを受容することができるときである」（一三九頁【引用1】）。共感はない。

ところが、直後の五月一五日に講演され一〇月に出版された、タイトルにクライアント中心を含む論文第二号「クライエント中心療法の特質」（全集四巻三章）で大きな変化が起きる（同論文には『クライアント中心療法』執筆を示唆する記載もある。また、講演は、精神分析のメッカ、メニンガー・クリニックのスタッフを対象に行われた。戦略性を思う）。

その三節「治療関係のクライアント中心性」で言う。「カウンセラーは、あたたかさ、理解、どんな小さなどんな攻撃もない安全、ありのままのその人の根本的受容、これら四つがしみ渡った関係を創る」（四一九頁）。そして言う。「私たちは、関係の『クライアント中心性』をますます強調するようになった。カウンセラーがより完璧にクライアントが見るとおりのクライアントの理解に集中すればするほど、効果的である」（四二〇頁【引用2】）。【引用1】の後半部に理解という名が与えられ、これがクライアント中心性を定式化するものとされたのである。

クライアント中心の最初の定式化であり、共感的理解の萌芽である。

これを受けるように、一九四八年一〇月に出版された、タイトルにクライアント中心を含む論文第三号「カレッジ・パースネル・ワークに対するクライエント中心カウンセリングの意義」（全集五巻二章）には、「許容、受容、深い理解、これら三つがある脅威のない心理的雰囲気」（五四〇頁）と、理解が明記されている。これは、タイトルにクライアント中心はないが、同年七月二二日に講演され一二月に出版された「適応改善における二つの流れ」（全集一四巻八号）でも同様である。曰く、「個人がありのまま深く受容され、また、個人にとって現実である私的世界が、評価されることなく、他者から純粋に理解され、純粋に受容され、さらに、この理解と受容がその個人に伝わっているとき、最適な「促進的心理的」雰囲気が存在する」（二一二～二一三頁）。理解による定式化は定着していたと言えよう。

そして、出版月は不明だが同じく同年に出版された、タイトルにクライアント中心を含む論文（と言うよりパンフレット）第四号『社会的緊張の解決：対人的葛藤の解決法としてのクライアント中心カウンセリング』（一九五二年再刊、全集六巻六章）に共感が現れる。曰く、「カウンセラーの役割は、あたたかさ、許容性、受容、理解、非指示性、これら五つの言葉で表すのがベストである。……表明された態度や感情に対するカウンセラーの反応は、受容である。……共感である」（四～五頁）。

周知のように、論文「カレッジ・パースネル・ワークに対するクライアント中心カウンセリングの意義」の出版と同じ頃の一九四八年一〇月二五日に受稿され、一一月一四日に講演されて一九四九年四月に出版された「クライアント中心療法におけるカウンセラーの態度とオリエンテーション」が、『クライアント中心療法』の二章「カウンセラーの態度とオリエンテーション」となり、クライアント中心療法とは何かを定めた。これが、タイトルにクライアント中心を含む論文第五号である（講演の場は、なんと一九四〇年一二月一一日講演同様、ミネソタ大学だった。加えて、受稿が講演に先立ち、講演のための作稿だったと想像される。戦略性を思う）。

まず、これまでの二つの定式化が否定される。「受動的／消極的でレッセフェールの態度」と「クライアントの情動化された態度の明確化・客観化」である。前者は「実践において有益でないことは証明ずみ」、後者は「実践において治療者がいささか冷たく断定的な態度を取ることにつながることがあり、これまた治療に効果的でない」（以上八六頁）とされる。これは、論文「クライエント中心療法の特質」などで、「理解は、クライアントの態度を感度よく反射したり明確化したりすることによって、おそらく最もよく伝えることができる」（四一六頁）としてきたことの否定である。この部分は、論文では一パラグラフだが、『クライアント中心療法』では八パラグラフに拡張され、丁寧に論じられる。あとで見る。

では、これらに代わる新しい定式化は何か？——「カウンセラーの機能は、可能なかぎりクライアントの内的照合枠に身を置くこと、クライアントが世界を見るとおりに世界を知覚すること、クライアントが自分自身を見るとおりにクライアントを知覚すること、そのときには外的照合枠からの全知覚を脇に置いておくこと、である」（八六頁【引用3】）。そして言う。「クライアントとともに経験すること、クライアントの態度を生きることは、カウンセラーの情動的巻き込まれや情動的同一化によるのではなく、共感的同一化による」（八六頁）[注2]。ここにまた、共感が現れる。

そして、この定式化の例として、論文「クライアント中心療法の特質」から、【引用2】を含む部分が引用される。あらためて、一九四六年には理解をもってクライアント中心の実とし、クライアント中心を定式化し、クライアント中心の想は定まっていたと言えよう。

定式化のこの部分は、この論文と『クライアント中心療法』で二つの違いがある。一つは、後者では「情動的巻き込まれ」が削除されていること。もう一つは、後者では【引用3】に続けて次の追加があることである。「そして、クライアントに対するこの共感的理解をなにかしらコミュニケートすること［がカウンセラーの機能である］」（二九頁）。共感的理解が、理解というクライアント中心の実の、名とされているのである。

遡って、タイトルにクライアント中心はないが、この論文の出版と同じ頃の一九四九年四月一四〜一七日に講演され、一九五〇年三月・四月に出版された「われわれの基本的な専門の関係はどのようなものであるべきか？」（全集一六巻二章）、また、同論文の出版と同じ頃の一九五〇年四月一七日に講演され、一二月に出版された、タイトルにクライアント中心を含む論文第六号「現時点におけるクライエント中心療法の構成」（全集一四巻一一章）の両論文には、すでに共感的理解が現れていた。「最も援助的な技法は、治療者が深く保持している態度――その瞬間ありのままのその人の受容、クライアントに見えるとおりのクライアントの態度の共感的理解の二つ――が伝わる技法と思える」（前者二三八頁）。「クライアントが次のような四つのことを経験しているとき、治療条件は満たされている。自分に対する治療者の尊重と受容、共感的理解、評価の主体が自分の中にあること、態度の表現に重大な制限がないこと」（後者四四五頁）。講演対象の違いによって（医師かソーシャルワーカーか）、表現の視点が異なっているが（治療者かクライアントか）、共感的理解は一九五〇年には定着していたと言えよう。

ロジャーズ正伝の著者カーシェンバウムは言う。「治療者がクライアントの内的照合枠に身を置こうとすること、ロジャーズはその過程を記述するために『共感』という言葉を使い始めた。自分の意図を伝えるには端的にこの言葉が適切としたのである。『理解』という言葉よりは、『共感』『共感的』を使い始めた」（Kirschenbaum, 2007, p. 160）。

まとめるとこうなる。クライアント中心は一九四二年『カウンセリングと心理療法』でも使用されていたが、クライアント中心の想がはっきり定まったのは一九四六年「クライエント中心療法の特質」で、それは理解でその実を定め、一九四八年にはその名に共感が使用され始め、一九四九年〜一九五〇年にはその名が共感的理解となっていた。

共感的理解によるクライアント中心療法の定式化

『クライアント中心療法』の二章「カウンセラーの態度とオリエンテーション」そのものに進もう。二章は一七節＋αから成るが、共感的理解が「カウンセラーの役割」として定式化される五節までが一つのピークをなす。

冒頭、「治療者が行うこと、治療者が保持する態度、治療者の役割に関する治療者の根本的考え方、これら三つが治療に多大な影響を及ぼす」（一九頁）と述べ、一節〜三節で「治療者の態度」、四節で「治療者が行うこと」、五節で「治療者の役割」が述べられる。

まず「治療者の態度」。一節「総論」は言う。「クライアント中心療法は単なる一方法、一技法だと言われる」。そうではない。「クライアント中心療法で効果的なカウンセラーは、ある態度を保持しており、それが、その態度と一貫した技法、方法によって遂行されているのである」（一九頁）。クライアント中心療法は、まず態度のことなのだ。では、どういう態度なのか？　二節「カウンセラーの哲学的オリエンテーション」は問う。「私たちの哲学［＝態度］

は、個人の尊重を最上とする哲学であるか?」(二一〇頁)。個人の尊重がその態度である。そして三節「治療者の仮説」で言う。それはカルトではない。科学である。仮説である(原論文での節タイトルは「カルトか科学か?」だった。本文に拡張はあるが、変更はない)。

そして次に、「治療者が行うこと」は、四節のタイトル「カウンセラーの態度を的確に遂行すること」にそのまま示されている。『技法』という言葉を放棄し、『遂行』という言葉を支持する」(二一五頁)。ああすればよい、こうすればよい、ではない。個人の尊重が遂行されるかどうかだ。だが、「治療者が行うこと」は個人の尊重という態度の遂行だと言っても、ひどく抽象的である。治療者はこれをどのようにして遂行するのか?

それが五節「カウンセラーの役割の定式化」である。先に、これまでの二つの定式化が否定され、原論文の一パラグラフが八パラグラフに拡張され、丁寧に論じられる、と記したが、生半可なクライアント中心療法理解/実践に対して、丁寧に鉄槌が下される。これまでの定式化がどのように否定されるのか見る。

まず第一の定式化。「まず第一に、たいてい的確な訓練をほとんど受けていないカウンセラーだが、非指示的カウンセリングにおけるカウンセラーの役割は、受動的/消極的でいること、レッセフェール政策を採択することに尽きる、と思い込んでいるカウンセラーがいる」。その具体的様相を六項目挙げ、第五項に言う。「そうしたカウンセラーは、クライアントの能力に対する信念を最もよく顕現するのは、自分の能動性／積極性や情動的反応を最小化した受動性／消極性であるという気持ちでいる」。だが、「第一に、受動性／消極性や、見るからの関心ないし関与の欠如は、クライアントには拒否と経験される。第二に、レッセフェールの態度は、クライアントには、自分が価値ある人間と見られていることをまったく示さない。かくて、受動的／消極的な役割、傾聴する役割しか果たさないカウンセラーは、支援できるクライアントがあったとしても、しゃにむに情動的カタルシスを求めているクライアントに対してであり、また、多くの場合、その結果は最小であり、さらに、多くのクライアントは援助を受けられないことにがっかりし、かつ、提供するものを何も持たないカウンセラーにうんざりして去る」。第一の定式化では、個人の尊重を伝えそこなう可能性がある。かくて放棄される。定式化の実務の問題である。

次に第二の定式化。「カウンセラーの役割に関するもう一つの定式化は、カウンセラーの仕事は、クライアントの気持ちを明確化し客観化することである、というものである。これは、しかし、知性偏重に過ぎ、かつ、もしまったく文字どおりに取るなら、焦点をカウンセラーの中のプロセスに置くことになる。どんな気持ちがあるのか知っているのはカウンセラーだ、ということになりかねず、かつ、もうしそうなってしまうなら、クライアントに対する尊重の、それとはなしの欠如になってしまう」（以上二一七頁）。これが第二の定式化を放棄する第一の理由である。

　第二の理由は、先に「実践において治療者が冷たく断定的な態度を取ることにつながることがある」とされたことである。気持ちの明確化を支援する治療者の応答が、逐語記録上、字面はまったく同じでも、断定的態度でも共感的態度でも可能であり、気持ちの明確化という定式化では両者を含むことになってしまう。断定的態度では、「カウンセラーの評価、判断になってしまい、プロセスの中心はカウンセラーになってしまう。このような対応を回避するため、私たちは、カウンセラーの役割はクライアントの態度を明確化することであるという記述を放棄するようになった」（二一八頁）。以上、定式化の論理の問題である。

　ポイントは二つ。実務上、個人の尊重の遂行に悖らない定式化か。論理上、プロセスの中心にクライアントがあり続ける定式化か。そして、これらを満たす定式化として、共感的理解によるクライアント中心療法の定式化がなされたのである。ここにロジャーズが、一九四六年から一世代後の一九七五年「共感：実存を外から眺めない係わり方」（Rogers, 1980, Ch. 7）を記したゆえんを思う。正確なサブタイトルは、「真価が理解されていない一つのありよう」である。

　それは治療者に、個人の尊重を遂行し、クライアントをプロセスの中心に置く共感的理解の、きわめて強い能動性／積極性を要請する。受動的反射から、能動的明確化を経て、能動的共感的理解への動きは、実践的に、私のたどった道でもあった。

論文「治療的人格変化の必要十分条件」は、すでに定式化されたクライアント中心療法の実証的研究遂行のための「研究プログラム」(Lakatos, 1978) であり、そのための概念構成、その操作的定義、検証されるべき仮説（命題）の構成から成る（クライアント中心療法の条件ではなく、心理療法の条件として提示した点に、戦略性を思う）。続く実証的研究の展開を見れば、研究プログラムとしての成功は明白だが、しかし、そこには、ロジャーズ／クライアント中心療法のアルファーにしてオメガ、すなわち、原点たる「個人の尊重」を、その原点性、その力強さにおいて伝えるものはない。

メニンガーは、フロイトの一九三七年『終わりある分析と終わりなき分析』（フロイト著作集六巻所収）について言った。「この論文を少なくとも毎年再読することは、治療を行っている精神分析家にとって、ほとんど宗教的義務となるべきである。自分の仕事に相応しい謙遜を養うためである」(Menninger, 1958, p. 177)。私は、『クライアント中心療法』の二章「カウンセラーの態度とオリエンテーション」について、そう言いたい。

冒頭、私にとってクライアント中心療法をわがものとすることは、実践的問題というより概念的問題だった、と記した。これに関連して、これまで気になりながら調べてこなかったこと、表現してこなかったことを記した。趣旨は、他者が語るクライアント中心療法ではなく、ロジャーズが語るクライアント中心療法へ、ロジャーズ原典へ、だったか？　それは、私の実践において、クライアントそのものへ、に通じているか？

●注

1　書籍や論文のタイトルは、「治療的人格変化の必要十分条件」を除き、邦訳があるものはそれに従った。全集は『ロージァズ全集（全二三巻）』、著作集は『ロジャーズ主要著作集（全三巻）』両者とも岩崎学術出版社、選集は『ロジャーズ選集（上・下）』誠信書房を指す。引用はすべて原典から行い、筆者が翻訳した。文献について、文教大学越谷校舎図書館、明治学院大学図書館のお世話になりました。記して謝意に代えます。

2　「あえてこう言うということは、Rogersはかなり情動伝染する人だったのではないか。受動的なSYMpathyでは振り回されることをよく知っていたのではないか。なので、相手の内的照合枠に能動的に入りましょう（EMpathy）、と。／あらためて思いました。Rogersは積極的です。でも、積極的に入るとなると、相手を傷つけてしまう可能性もある。なので、こちらの照合枠は脇に置きましょう。一番大切なのは尊重、と言ったのではないか」（串崎真志［関西大学］、二〇一八年一一月二九日）。なるほど！

●文　献

フロイト・S／井村恒郎・小此木啓吾・他（訳）（一九七〇）『自我論・不安本能論（フロイト著作集六巻）』人文書院

Kirschenbaum, H.（2007）*The life and work of Carl Rogers*. PCCS Books.

Kirschenbaum, H. & Henderson, V. L.（Eds.）（1989）*The Carl Rogers reader*. Houghton Mifflin.［カーシェンバウム・H、ヘンダーソン・V・L（編）／伊東博・村山正治（監訳）（二〇〇一）『ロジャーズ選集：カウンセラーなら一度は読んでおきたい厳選三三論文（上・下）』誠信書房］

Lakatos, I.（1978）*The methodology of scientific research programmes*. Cambridge University Press.［ラカトシュ・I／村上陽一郎・井山弘幸・小林傳司・横山輝雄（共訳）（一九八六）『方法の擁護：科学的研究プログラムの方法論』新曜社］

Menninger, K.（1958）*Theory of psychoanalytic technique*. Basic Books.［メニンジャー・K／小此木啓吾・岩崎徹也（訳）（一九六五）『精神分析技法論（現代精神分析双書二巻）』岩崎書店］

岡村達也（二〇〇七）『カウンセリングの条件：クライアント中心療法の立場から』日本評論社

Rogers, C. R.（1942）*Counseling and psychotherapy: Newer concepts in prac-tice*. Houghton Mifflin.［ロジャーズ・C・R／末武康弘・保坂亨・諸富祥彦（共訳）（二〇〇五）『カウンセリングと心理療法：実践のための新しい概念（ロジャーズ主要著作集一巻）』岩崎学術出版社］

Rogers, C. R.（1951）*Client-centered therapy: Its current practice, implications, and theory*. Houghton Mifflin.［ロジャーズ・C・R／保坂亨・諸富祥彦・末武康弘（共訳）（二〇〇五）『クライアント中心療法（ロジャーズ主要著作集二巻）』岩崎学術

出版社〕
ロジャーズ・C・R／伊東博（編訳）（一九六六）『サイコセラピィの過程（ロージァズ全集四巻）』岩崎学術出版社
ロジャーズ・C・R／畠瀬稔（編訳）（一九六七）『カウンセリングと教育（ロージァズ全集五巻）』岩崎学術出版社
ロジャーズ・C・R／畠瀬稔（編訳）（一九六七）『人間関係論（ロージァズ全集六巻）』岩崎学術出版社
ロジャーズ・C・R／伊東博（編訳）（一九六七）『クライエント中心療法の初期の発展（ロージァズ全集一四巻）』岩崎学術出版社
ロジャーズ・C・R／友田不二男（編訳）（一九六八）『カウンセリングの訓練（ロージァズ全集一六巻）』岩崎学術出版社
Rogers, C. R.（1980）*A way of being*. Houghton Mifflin.〔ロジャーズ・C・R／畠瀬直子（監訳）（一九八四）『人間尊重の心理学：わが人生と思想を語る』創元社〕

パーソンセンタード・アプローチとオープンダイアローグ

本山智敬

四十にして惑わず？

私の「四十歳問題」は、ちょうど三七歳を迎えた頃に始まった。四十歳問題とは糸井重里氏が作った言葉で、人生の折り返し地点を迎えるあたりに、これまでの生き方を否定するわけではないが、この先の人生を自分なりにどう進めていくか、改めて立ち止まり考える時期のことを指している。三七歳の時点で私はこの言葉を知らなかったので、私はこの苦しみに押しつぶされそうだった。しかし言葉とはありがたいもので、「自分のこの迷いは四十歳問題なのだ」と思えたら、苦しみと共にいることができるようになった。

私にとって、パーソンセンタード・アプローチ（以下ＰＣＡ）について考えることが「四十歳問題」の苦しみであった。大学時代にＰＣＡに出会い、自分のこれまでの生き方を理解し整理する上で大いに助けられ、自然とはまりこんだ。中核三条件をはじめとするロジャーズの理論を学び、学部三年生の終わりには四泊五日のエンカウンターグループ（以下ＥＧ）に参加した。卒業論文では県内の高校生を対象に三日間の通いのＥＧを実施した。以来、ＰＣＡは私の臨床のオリエンテーションとなり、ＥＧの実践は、研究のテーマであると同時にライフワークのようになっている。

しかし、四〇歳を前にふとこれからを考えたときに、自分はいったい何をしたいのか、わからなくなってきた。個人カウンセリングにおいてずっと傾聴を大事にしてきたが、ここにきて「クライエントの話をただ聴くだけで十分なのだろうか」という問いに対し、傾聴の意義について自信を持って説明することができない自分がいた。また、ＥＧもちろん好きだが、かといってこれをもっと日本に広めていきたいと強く考えているわけではない。むしろ、ＥＧを通してＰＣＡのエッセンスを様々な状況に活用していきたいと思っている。しかしながら、ここでいうエッセンスとは何を指すのか、十分に言葉にならないし、どう活用していきたいのかもはっきりしない。自分が大事にしたいものがここにあるのにそれをうまく掴みきれていないモヤモヤ感は、何とも言えない重苦しさとなって私の中に居続けた。

でも焦っても仕方がない。糸井さんは一〇年間、この長いトンネルの中に居たそうだ。私も腰を据えて自分の四十歳問題とつき合うことにした。

イギリスでの在外研究

苦しみの中には変化のきっかけもある。私は四二歳（後厄の年）となった二〇一六年九月からの一年間、大学の在外研究の制度を使って、イギリスでPCAの学びと研究の機会をいただいた。同じ学科の先生方の理解と協力があってこそ実現したことであり、本当に感謝している。在外研究先を決める過程もとても苦労したが、幸運にもパーソンセンタードを標榜している大学院があるノッティンガム大学のデイビッド・マーフィー先生が受け入れてくださった。これまで全く面識のない私からの突然のメールに"It's a lovely message"と答えてくださったことから彼との出会いが始まった。

イギリスでの生活が始まった九月の末から大学院の授業が始まった。私は修士一年生の授業に毎回参加したが、初回のオリエンテーションからいきなり驚かされた。教員が中心となって話を進めるのではなく、まるでEGの雰囲気なのである。詳しい説明もなければ配布資料もない。当然ながら、学生は一様に戸惑っていた。授業は火曜日の一三時半から一七時半の四時間が理論学習、水曜日の同四時間がスキル学習として設定されていた。三〇名ほどの学生が教室全体に一つの大きな円になって座り、教員数名もその中に学生に紛れて座った。私もその円の中にいた。教員は「今から授業を始めます」の号令もなく黙っている。学生が自己紹介をしながら少しずつ話し始め、二回目、三回目の授業では、理論学習において話し合うテーマと毎回の話題提供者を決めた。教員はそのテーマに関する資料をインターネット上にアップロードするなどの支援をしてくれるが、授業中は特にイニシアティブをとるわけではない。話題提供者が話をした後は自由討論となり、学生がそれぞれの意見を述べたり、その中で教員も一人の参加者として話をする。知的な討論だけでなく、そのときのテーマに関連して個人的な話が語られることもある。また、こうしたEG的な進行に対してフラストレーションがたまってきた学生は、そのことを表明し、自分たちがこの先どのように学んでいくのかを皆で話し合ったりもした。我々はこのように、もたつき、時には険悪になりながら、少しずつお互いのことを知り、学び合っていったのである。

授業以外にも、前期と後期にそれぞれ数回ずつ、週末EGが開催された。一〇名ほどの小グループでの体験もあれば、学部生も含めて百人以上が一堂に会してのコミュニティ・ミーティングも行われた。小グループでは私も頑張って発言した。たどたどしい私の英語を皆が真剣に聴いてくれたのは嬉しかった。皆の会話は早くて十分に聞き取れないものの、大まかなプロセスはわかったし、個人的に大事なことはシンプルな言葉でゆっくりと語られるので、そこは私にも理解でき、時にはコメントもして、グループの一員として所属感を持つことができた。

あるとき、教室の壁に誰が書いたのか、言葉が貼ってあった。そこには、このように書いてあった。

カウンセラーになることは、自分自身になることである。
それはとてもシンプルであり、そして難しい。

その言葉は自然と学生の皆に共有されていった。こうして学生は、ＰＣＡの学びがどういったものであるのか、体験的に学んでいったのである。

水曜日のスキル学習は、もっぱらロールプレイングによる学びであった。五名ずつの小グループを作り、グループごとに部屋に分かれて、セラピスト役、クライエント役、オブザーバーを交代しながら、一五分のセッションを行った。ロールプレイングといってもクライエント役は実際の自分のことについて語った。

この学習において特徴的なのは、毎回のセッションをビデオ録画し、セッション終了後に映像をプロジェクタで映して、皆ですぐに振り返りをする点である。複数の教員が各グループを巡回し、セッションから一緒に聴き、その後の振り返りにも参加した。振り返りのときの進行はセラピスト役の学生である。映像を流しながら自分がセラピストとして迷ったり気になったりした場面でストップし、そのことについて語る。その際、クライエント役の学生が話した内容には触れず、セラピスト役の体験を中心に検討していく。このときにセラピスト役に対する駄目出しは一切しない。その場面で何が起こっていたのかを皆で振り返るのである。教員はいわゆる指導的にかかわるというよりも、共有したそのセッションを一緒に振り返るという姿勢でいる。あるとき、クライエントが「ある意味……」と言い淀んだ部分が話題となった。セラピストがその場面でその言葉をそのまま「ある意味……」と伝え返すことの意味がわからないと、セラピスト役の学生が質問した。その時、教員は、それは単に言葉を繰り返しているのではなく、その言葉に込められたクライエントの思いを受け取っているのであり、それが次のクライエントの発言につながるのだと話し、学生は深く納得していた。振り返りの時間にセラピスト役の学生が終始反省モードでいるのではなく、生き生きと学んでいる姿がとても印象的だった。さらに、こうした一五分のセッションは、デイビッドが開発した専用のソフトウェアに取り込まれ、授業の後も丁寧な振り返りが行われていた。

私は何を学んできたのか

さて、このイギリスでの一年間で、私は何を学んできたのだろうか。正直なところ、ＰＣＡについて何か新しいことを学んだという感覚はない。先のロールプレイングによる学びは、日本でも盛んに行われてきたことである。しかし、私は改めてＰＣＡの原点に立ち返った思いがした。それはつまり、目の前にいるクライエントとの今この瞬間のかかわりを大切にするという態度である（本山、二〇一七a；二〇一七b）。大学院の授業では、理論学習にせよスキル学習にせよ、学生と教員が体験を共にしながら、今感じていることを語り合うことを通して学び合っていた。こうした学びが、その後実際のクライエントを目の前にしたときに、相手との関係を大事にしながらかかわる態度へつながっていくものと思われた。これは、知識やスキルを「外的に」学んだだけでは身につかない。他者とのかかわりの中で、自分の感覚をフルに活用しながら体験的に学ぶ中ではじめて得ることができる。さらにもう一つ心に残ったのは、教員の姿勢である。指導者として、上の立場から指導するのではなく、学生と共に学び合う関係の中で影響を与えていく、まさにファシリテーターとしてのあり方がそこに感じられた。

また、この一年間の間にもう一つ、こうした学びの意義をより明確にさせる体験があった。それは、フィンランドでのオープンダイアローグ（以下ＯＤ）の視察研修である。実は在外研究に行く前に、当時日本で注目されつつあったＯＤの存在を知り、イギリスにいる間にタイミングよく視察研修に参加することができた。さらに、最初のこの視察研修をきっかけに、村山正治先生をはじめ、九州でＥＧの実践を行ってきた先輩・仲間と一緒に二度目の視察研修も実現することができた（永野・他、二〇一七；高松・他、二〇一八）。それぞれ一〇日間ほどのＯＤの視察体験が、ＰＣＡについて再考する貴重な機会となったのである。

ムーミンの国のダイアローグ

イギリスからは飛行機で三時間ほどで首都のヘルシンキに到着した。時差も一時間、航空券の値段も福岡から東京へ行くのとそう変わらない。ヨーロッパでの移動のしやすさを改めて感じた。ヘルシンキに到着した途端、なぜか親密感が湧いてきたのだが、程なくその理由がわかった。国民性がどことなく日本人に似ているのだ。イギリス人の対人距離の取り方も日本人に近いものを感じていたが、フィンランド人のほうがさらに近く思えた。あまり自己主張をせず、ある程度のパーソナルスペースが必要なフィンランド人の国民性。それをコミカルに表現した絵本（Korhonen, 2016）がフィンランドでベストセラーになっているが、まるで日本人について書いていているようである。

一方で日本人との違いも感じた。会う人が皆、職業や立場、役割といった外的な特徴を自身の雰囲気として身にまとっていないのである。医者が医者らしいオーラを出しておらず、病院で話し合いをしても、誰が医者で誰が看護師や心理士なのか、見分けがつかない。フィンランドでは「プロフィールを低くする」ことが理想とされ、上司や高学歴の人が自分が上だとは強調しない（Arnkil & Eriksson, 2009）ということが後でわかった。

また、フィンランドといえばムーミンが有名である。ムーミンの話には、いわゆるヒーローは一人もいない。勧善懲悪のストーリーでもなければ、含蓄のある教えを伝えようという意図もない。ムーミン谷でいろんな登場人物が交流し、特にドラマチックな展開があったり、大きな何かを得るわけでもないのだが、それでも皆が何となく幸せに過ごしている、そんな物語である。まさにフィンランド人はムーミンの世界をそのまま生きているような気がした。

そんなフィンランドでのODは、ヘルシンキよりさらに北へ飛行機で二時間弱ほど行った西ラップランド地方、トルニオという町のケロプダス病院という精神科病院で始まった、対話によるアプローチである。治療の対象は主に急性期の精神病患者であるが、その応用範囲は広い。ODの具体的な進め方は他に譲るが（Seikkula & Arnkil, 2006；斎藤、二〇一五など）、驚くべきはその効果である。このアプローチを導入したことによって、統合失調症の入院治療期間が平均一九日間短縮され、服薬を必要とした患者は全体の三五パーセント、二年間の予後調査で八二パーセントは症状の再発がないか、あってもごく軽微なものにとどまり（対照群では五〇パーセント）、障害者手当を受給していたのは二三パーセント（対照群では五七パーセント）、再発率は二四パーセント（対照群では七一パーセント）に抑えられていたのである（斎藤、二〇一五）。いったいこのような治療効果は、このアプローチのどのような対話によって生まれるのか、世界が注目したのも無理はない。

しかし、ODを実践するスタッフが一様に言うのは、「これは技法ではなくイデオロギー（哲学や考え方）である」という点である。一つの固定的な技法ではないからこそ自分たちは長くこのアプローチをやってこれたのだ、と。私たちはどうしても「そこで何をしているのか」という技法面に注目しがちである。確かにODに技法的な側面がないわけではない。しかし、それ以上にその背景にある考え方が重要であるという視点は、まさに、技法よりも態度を重視するPCAとの共通点を感じる。ここからは、さらにODの「三つの詩学」と呼ばれる基本原則を一つずつ紹介していくこととする。

不確実性への耐性

一つ目の詩学は「不確実性への耐性」である。"*Dialogical meetings in social networks*"（日本語訳の書名は『オープンダイアローグ』）の共著者であるトム・アーンキル氏は、「オープンダイアローグにおいて重要なのは、近道をして苦しみから避けることと、他の人を変えたいと思うことを避けることである」と言っている。我々は、相手を変えようとするときに助言をしたり、苦しみから早く逃れようとつい結論を急いでしまいがちである。そのときには、治療者側のアクションが中心となり、結果的にクライエントが話をするスペースを減じてしまうことになる。ODにおいては、治療スタッフはアイデアは出すが、プランを一方的に立てることはしない。これは、診断や評価に基づいてアプローチする従来の治療モデルとは正反対の考え方である。もちろん診断無用論を唱えているわけではない。ケロプダス病院の医師は次のように言う。「患者に『あなたは統合失調症です』と伝えた時点で、その患者が語れない部分ができてしまうのだ」と。つまり、診断名を伝えることでその人は「統合失調症患者」となり、その側面からしか語れなくなってしまう。そうではなく、「患者の『日常の困り事』として具体的に語ってもらうことが重要で、自分の状態を説明していけるようになった人のほうが治っていくのだそうである。ケロプダス病院の患者の中には、病院スタッフからサポートしてもらったが、治してもらったわけではないと思っている人がいるそうだ。ここからも対話の主役はクライエントであるという発想がうかがえる。

しかしながら、クライエントの話を聴き、対話を続けていくのみでは、それがどういった方向へ進んでいくのか、先の見通しが立たず、治療スタッフも当事者も不安が増大していくこともあろう。そうした不確実さに耐え、共に全員がこの状況を生きていくためには、何度もミーティングをすることと、対話の質を高めることが重要なのである。

対話主義

そこで、二つ目の詩学が「対話主義」である。ODの基本姿勢は、モノローグ（一人語り）をダイアローグ（対話）にしていくことである。クライエントの「言語を絶した経験」（斎藤、二〇一五）が少しずつ言葉になっていくことには治療的な意味を持ち、その点においてODはナラティブセラピーの影響を受けている。また、目指す方向は、精神病的な発話や幻聴や幻覚にとどまっている特異な体験に、共有可能な言語表現をもたらすことである。これはまさに、クライエントのモノローグがダイアローグになる瞬間といえよう。クライエントが苦悩と共に一人孤独でいる体験が、少しずつ言葉になり、それが他者と共有されることによって、そのクライエントは再び社会とつながることができるのである。また、対話主義を唱えたバフチンの「生きた言葉」という表現をここでも用いている。言葉の意味は元から存在するのではなく、他者とのやりとりの中から生み出されるという、社会構成主義的な考え方である。つまり、ODでは、クライエントの言葉が「生きた言葉」となって他者と共有されることを目指しているのである。ここに対話主義の本質がある。ODにおいて、「変化」や「改善」、「治癒」は直接の目的ではない（斎藤、二〇一八）。ここでの対話は何かのための「手段」ではなく、対話することそれ自体が「目的」なのである。野村（二〇一八）は「対話そのものを信じるという専門性」について論じ、「目前にある対話を成立させることが治療なのである」と述べている。

ポリフォニー

三つ目の詩学である「ポリフォニー」は音楽用語でもあり、「多声性」と訳される。ここでは、対話によって共通理解を得ることがゴールではなく、多様な表現がなされることが大切であるという意味で用いられている。治療スタッフの誰もが「人の意見は違っていて当然だ」と言う。むしろ、異なった視点が表明されるところからポジティブな変化が生じるのだ、と。ODでは「話すことと聴くことを分ける」という捉え方をしており、技法的には、治療スタッフ同士が当事者にまつわる会話を当事者の前で行う「リフレクティング」という手法を用いている。また、ポリフォニーが生まれるためには、当事者本人のみならず、ODに参加している一人ひとりが大事にされる必要がある。そのためにファシリテーターは参加者一人ずつに同じ質問を投げかけたり、それぞれが話ができるスペースを確保しようとする。これに関してアーンキル氏は「自分の力を表現できない人の声をないがしろにしてはいけない」と言い、こうした取り組みを「身近な民主主義」とも呼んでいる。

意味のある体験は、自分が話をしているときだけでなく、人の話を聴いているときにも生じる。前者において、参加者それぞれから多様な表現がなされることを「外的ポリフォニー」と呼ぶのに対し、後者の体験を「内的ポリフォニー」と呼んでいる。つまりこれは、他者の話を聴くことで自己の内的対話が生じ、それに丁寧に耳を傾けていくプロセスである。内的ポリフォニーはまさにロジャーズの中核三条件での「一致」の態度と関連しているといえよう。

ＰＣＡとオープンダイアローグの接点

ここで改めて、ＰＣＡにおける基本姿勢とＯＤのイデオロギー、この両者の接点について考えてみたい。

一つは、対話そのものを大切にする姿勢である。両アプローチは共に、クライエントが自分自身について表現していけるように支援していくことや、その表現を「生きた言葉」として共有していくことの重要性について論じている。そうした対話を生み出すことや対話し続けることがここでの「目的」であり、それ自体が治療的なのである。対話を変化や改善のための「手段」にしないところは、いわゆる操作的な治療と一線を画すポイントである。しかし、だからと言って変化を否定しているわけではなく、変化や改善は、対話することによって「結果的に」生じるものなのである。この点を高木（二〇一八）は「中動態」という考え方を用いて説明している。我々の行為は一般的に「能動」や「受動」という文法的態として表されるが、それは、「主体が対象に何かをなすことという主体を中心とした世界観」によって形成されているものである。そうした、主体が対象を操作する世界観ではなく、日本語の「なる」という自動詞が表すような「中動態」の世界観がここには存在するのではないか、ということである。ロジャーズのいうセラピストの中核三条件は、それ自体が直接クライエントを変化させるのではなく、それによって両者の間に生まれた成長促進的な関係をクライエントが自らの成長のために活用するように「なり」、それによって治療的な変化が生じるのだと捉えると、そこにも「中動態」の世界観があるといえるだろう。こうした「中動態」による治療観は、現在主流となっている操作（コントロール）に基づいた治療観への問題提起となるばかりでなく、クライエントの主体性や、セラピストとクライエントとの協働といった治療機序に改めて光を当てることにつながるものと思われる。

ここでいう「協働」が生まれるためには、セラピストとクライエントとの「対等性」が重要となる。この「対等性」を接点の二つ目として挙げたい。

ＰＣＡでは、主にＥＧにおいて、ファシリテーターとメンバーとの対等性について議論されてきた。対等性を生み出すために、専門家としての衣を脱ぎ捨てるというような表現をとることもあった。しかし私はこの点に疑問を抱いていた。援助関係の中で、セラピストは「専門家」としてクライエントとの間に対等な関係を作ることができないのだろうか、と。この点について、ＯＤにおいて協働関係を築くための "Taking up one's worries" (Arnkil & Eriksson, 2009) という手法がとても参考になった。この手法は、相手との援助関係でうまくいかない事態が生じたときに、セラピストが自らの支援についての心配ごとをクライエントに表明し、その心配を解消するための協力をお願いするというものである。援助者が被援助者に対して依頼する点がユニークなのであるが、こうしたセラピストの率直な表明が、クライエントと、クライエントへの支援に関する協働関係を再構築するきっかけとなるのである。この協働関係では、決してセラピストが専門家であることを放棄しているわけではなく、専門家としての立場を持ちつつ、クライエントと支援について対等に考える関係を作っていることに他ならない。つまり、セラピストは専門家の衣を着たままで、クライエントと対等に支援についての協働関係を作ることが可能であることが示唆されるのである。

おわりに

このように、対話そのものを大切にする姿勢や援助関係における対等性についてなど、ODの考え方は、対話についての思索を深めることに大いに役立っている。そしてそれは同時に、これまで学んできたPCAをもう一度新たな視点で捉え直すことにもつながっている。私の「四十歳問題」のトンネルの出口はまだ見えていないが、対話についての思索から傾聴について考えるヒントを得ているのは確かだ。一年間の在外研究を終えた今、トンネルの中にいることが以前よりも楽になったようにも思う。PCAについてこれからも考え続け、自分なりの言葉にしていきたい。

●文　献

Arnkil, T. E. & Eriksson, E.（2009）*Taking up one's worries : A handbook on early dialogues.* The National Institute for Health and Welfare.［アーンキル・T・E、エーリクソン・E／高橋睦子（訳）（二〇一八）『あなたの心配ごとを話しましょう：響きあう対話の世界へ』日本評論社］

Korhonen, K.（2016）*Finnish nightmares : A different kind of social guide to Finland.* Atena.［コルホネン・K／柳澤はるか（訳）（二〇一七）『マッティは今日も憂鬱：フィンランド人の不思議』方丈社］

永野浩二・村山尚子・村久保雅孝・村山正治・本山智敬（二〇一七）対話の可能性を私たちはどう感じたか：AD／OD研修会の報告『追手門学院大学心の相談室紀要』一四号、二一～四〇頁

野村直樹（二〇一八）「無知の姿勢」と「二人称の時間」：臨床における対話とは何か『精神科治療学』三三巻、二六九～二七四頁

本山智敬（二〇一七a）対人援助職に求められる傾聴トレーニングの視点と方法：パーソンセンタード・アプローチの観点から『福岡大学教職課程教育センター紀要』二号、一三三～一四五頁

本山智敬（二〇一七b）生徒指導の意義と原理を体得する学習方法の開発：『生徒指導提要』における「共感的理解」に焦点を当てて『福岡大学教育開発支援機構年報』平成二九（二〇一七）年度、一一五～一二五頁

斎藤環（著・訳）（二〇一五）『オープンダイアローグとは何か』医学書院

斎藤環（二〇一八）オープンダイアローグの日本への導入に際して懸念されること『精神科治療学』三三巻、二七五～二八二

頁
Seikkula, J. & Arnkil, T. E.（2006）*Dialogical meetings in social networks.* Karnac.［セイックラ・J、アーンキル・T・E／高木俊介・岡田愛（訳）（二〇一六）『オープンダイアローグ』日本評論社］
高木俊介（二〇一八）ネットワークの生成と対話ミーティング：未来語りのダイアローグ実践を通じて『精神科治療学』三三巻、二八三〜二八九頁
高松里・井内かおる・本山智敬・村久保雅孝・村山正治（二〇一八）オープンダイアローグが拓く風景：二〇一七年フィンランド・ケロプダス病院研修から学んだこと『九州大学学生相談室紀要・報告書』四号別冊、六五〜八一頁

パーソンセンタード・セラピストという自覚

中田行重

自分にディプロマを出せるか

メアンズ（Mearns, D.）がどこかで「米国はクライエント／パーソンセンタード・セラピストの数が減っているのに、英国では多くなっている」と書いているか言っていたように思う。英国でなぜ？と思うところだが、メアンズによると、「パーソンセンタード・セラピー（以下ＰＣＴ）のことをよく分かってないのに、自分はＰＣＴのセラピストだ、と勝手に思い違いしている人が多いからだ」というような理由だったと思う。学派は自己申告なので何とでも言えるということだろう。

そのメアンズが教えていた、ストラスクライド大学（スコットランド）に清水幹夫先生の紹介で数カ月間訪問させていただいた。もうメアンズは退職していた。六月だっただろうか、一年間のディプロマコースはもう修了期が近づいていた。私はある五名ほどの小さなクラスに入らせてもらった。ある日の授業は、噂に聞いて「へえ、凄いことをするコースだな」と思っていたが、まさにその授業だった。もう六年も前のことなので記憶が曖昧だが、それは、学生が一年間の学びを長文のレポートにまとめ、それをグループの中で口述する、というものだった。それだけならそれほど特別なものとは思わないが、学生はその上で、自分がディプロマ（資格）をもらうに相応しいかどうかについて、学生本人の判断を述べるのだった。自分のことは自分自身が最もよく分かっている、というPCTの基本原則を授業にしているのである。日本であればほとんどの学生が合格するように自分を言い飾ってポジティブな評価をするのであろうと思われたが、そこは違っていた。真剣勝負の自己開示だった。私が参加した日はたしか二人が自分を語ったと思う。一人目だった若い女性はセラピーの実習で苦労したことを沢山語った上で、結局、自分はディプロマをもらう、ということを申告した。その理由まではスコットランドなまりの英語で聞き取れなかったが。次は男性だった。彼はそれまでの授業で、私には優れた内省家と思える人だったが、今は自分にはディプロマをもらう力がない、という趣旨を語った。予想した通りであった。

ＰＣＴをよく分かっている人は資格を受け取ろうとしない、と示唆しているように思えた。

わが国では心理の専門の勉強もしていないのに新しい心理の国家資格取得に群がる人がいるこ

とを考えると、スコットランドの小さなクラスでのその光景は、本来の心理職業人の、自分に向き合う厳しさを思い起こさせる。それはともかく、もし、自分ならディプロマを自分に出すだろうか？

クライエント中心療法／パーソンセンタード・セラピーは人間観

ロジャーズの理論では概して自分をどう捉えるかが重要で、それはクライエントやセラピストの個人としての面だけでなく、職業者としての側面についても言えるように思う。本を読んだり学会に行ったりすると、折衷派のセラピストなどが「私はクライエント中心療法もやるし、行動療法も、○○療法もやる」という言い方をするのを聞くことがある。折衷派でなくても、「このケースはクライエント中心療法でやりました」という言い方をするのを聞いたこともある。公認心理師のテキスト（日本心理研修センター監修、二〇一八）にはクライエント中心療法でやっていたら悪化した、という仮想ケースが書かれていた（一七八頁）。この資格の政治的な背景が見える気がするが、それはともかく、私はだいぶ以前から「クライエント中心療法でやる」というような言い方に抵抗があった。「それは誤解だ」と言いたいような、もっと言うなら「許せない！」というような気分だった。身体の場合は「薬物療法も理学療法もやっています」のように、複数の療法を並べることが可能である。ところが、「クライエント中心療法と精神分析療法をやっています」という言い方には、私を含め、クライエント中心療法の立場としては抵抗を感ずる人が多いような気がする。精神分析家も抵抗を感ずるだろう。

精神分析と並列する言い方に抵抗はあっても、「クライエント中心療法をやっています」という言い方なら抵抗はないという人がいるかもしれない。そのような人は、クライエント中心療法を薬物療法や理学療法のような意味で捉えているのであろうか。数年前、本務校でPCTのオリエンテーションをもつ大学院生三名が同級生たちに行った調査があった。面白い結果が出た。何らかの学派オリエンテーションを持たない院生は「自分はクライエント理解には精神分析を用いて、面接の実際はクライエント中心療法でやっている」と言うのだった。ロジャーズが聞いたらガッカリするだろう。考えてみると院生だけでなく専門家の中にも精神分析的理解と共感的傾聴を併せる、というような発想をお持ちの方がおられる。そのような著書もある。たしかに、理解の枠組みと技能とを分ければ、というか、分けることができると思う人なら、このように併存させることが可能であろう。

なぜ「クライエント中心療法をやっている」という言い方に対して私は抵抗があるのだろう？　クライエント中心療法は技能の体系ではない。そのことが私にとって大きな意味をもっているから、のように感じる。共感的理解や無条件の肯定的配慮等の中核条件は態度であってスキルではない、ということは多くの文献でも強調されている。たとえば、サンダース

(Sanders, P.) は「カウンセラーの寄り添い (caring) は専門的で効果的であるのと同時に、心からのものである (authentic) ことが求められる。(中略) カウンセラーが本気で思っているのかどうかはクライエントにはすぐに分かる」(Sanders, 2006) と書いている。セラピストが本気で受け容れる覚悟がなければ、クライエントは面接の場に自分のそのままを出すことは、とてもじゃないが出来ないので、このことは当然、効果の違いにつながる。

セラピストが本気で関わっている (authentic) かどうか?ということは、セラピストの個人が問われる、ということである。たとえば「実現傾向を信じる」とはよく出てくる言い回しだが、実現傾向を信じるのはセラピーセッション中だけで、セッションを離れたら信じない、ということができるだろうか? 信じるというのは、セッション内外にかかわらず、そのセラピスト個人の中にずっと続くのではないか。もし、「このセッション (だけ) は実現傾向を信じてクライエント中心療法でやりました」と言う人がいたら、セッション内では信じるふりをしているか、あるいは信じている、と自分で勝手に思い込んでいるだけであろう。

世の中は広いので、セッション内で実現傾向を信じて、セッション外では信じない、ということができるセラピストもごく少数いるかもしれないが、私には感覚的に分かりかねる。ほとんどのセラピストには無理であろう。つまり、私には、クライエント中心療法という学派はその根幹の実現傾向をセラピストが個人として信じているかどうかを突きつけている、と思える。

その点、認知行動療法の人はどうだろう？　「私は認知行動療法を主にやっていますが、クライエント中心療法もやっています」というような言い方に抵抗があるだろうか？　山上（一九九〇）は「精神分析や森田療法が人間に関する哲学を基本にするのと異なり、行動療法は精神活動に関する事実に基づく治療法の体系である」と、かつて述べていた。つまり、認知行動療法は方法の体系であるのに対して、精神分析や森田療法は学派の哲学に基づくセラピスト個人の人間観がセットになっているセラピーである。クライエント中心療法も後者の側に立つ。認知行動療法に限らず、異なる人間観を持つ二つのセラピーをどちらもやる、ということは果たして可能なことなのだろうか。「クライエント中心療法をやっています」という表現への抵抗は、大事にしている人間観が骨抜きにされることへの抵抗だった。

では、人間観をセットにするならどういう言い方になるだろう？　「私はクライエント中心療法のセラピストです」という言い方になるのではないか、と思う。そして、その「クライエント中心療法のセラピスト」というアイデンティティは単なるバッジではない。先述したように、そのアイデンティティをもつかどうかが、セラピーにおける実際の違いにまでつながるのである。

「パーソンセンタード・セラピー」への抵抗

ところで私は「クライエント中心療法のセラピスト」や「ＰＣＴのセラピストです」という言い方を長いことしてこなかった。自分をそのように定位することに抵抗があったからである。

私を長いこと支配していた考えは、セラピーはクライエントがよくなることが最重要であり、学派の理論や人間観が立派であってもクライエントがよくならないのなら意味がない、というものだった。その考えは今も私の一部としてある。そう考えるようになったのは、母校の九州大学の当時の状況が影響している。当時、九大には指導教官の村山正治先生だけでなく、精神分析や動作療法の大家がおられたし、研究会や集中講義に行動療法や精神分析、家族療法、イメージ療法などの大物が来ておられた。私はそこで披露される先生方のセラピーの名人芸に魅了された。そこで山上敏子先生が仰った「行動療法は方法の体系であり、よいものは何でも使う」という考え方はすっきりとしていたし、スーパーバイザーだった神田橋條治先生も学派の枠を超えた自由な発想をお持ちだった。

何しろ、指導教官の村山先生は学生を枠にはめる人では全くなかった。神田橋先生が現代のエスプリ（二〇〇三）の中で、「村山研究室の学生さんたちには村山学派の匂いが全然なかった」と書いておられる（二六七頁）が、まさにその通りで、当時の仲間にはロジャーズ派だけでなく、精神分析、行動療法、家族療法の人など色々いて、皆、一堂に会してゼミや研究会で議論していた。それが村山先生の徹底したＰＣＡの具現であることに私たち院生が気づくのは、そう時間がかからなかった。

このような風土において、私には一つの学派アイデンティティを決めることは自分を狭めるように思われた。また、クライエントのためにならない、とも思えた。したがって、学派選択をするなら少なくともしっかりと迷ってからにすべき、と考えていたので、あまり迷うことなく初めから学派を決めているような人は、心理療法を学ぶ者として無責任だとさえ思うこともあった。私はフォーカシングやエンカウンター・グループの論文を書いていたので、研究者という点ではパーソンセンタードであったが、セラピーに関してはパーソンセンタードを中心にしつつも、自分自身に対して立場を明確にせず、自由を持っておくスタンスを続けていた。ジェンドリン（Gendlin, E. T.）が、最近のセラピストは自分の学派を他学派とハイフンでつないで折衷的になっていると指摘（Gendlin, 1974）しているが、当然だと思った。だから、今もＰＣＡをベースに自分のセラピーを作ると考えたり、ＰＣＡだけではどうかな、と思うセラピストがいるが、その発想は自分がかつて通ってきた道なので、よく分かる。

他学派の「受容・共感」への批判

要するに、私は自分をクライエント中心のセラピストと定位するのは避けておきながら、他のセラピストが「私はクライエント中心療法もやっている」というのには許せない、という抵抗があったのである。我ながら、何とも勝手なものである。次第に私自身で明確になってきたその抵抗感は、他学派の人が「受容・共感は私たちもやっている」と言う時のその「受容・共感」とは口先だけでやっているのではないか？　それを「クライエント中心療法」と言っているのではないか？　という疑問であった。やがて結構な時間の末に、その疑問は批判に変わった。他学派のいう「受容・共感」は頷いてリフレクション（reflection）するだけの、営業スマイルならぬ営業共感にすぎない、という批判だった。この批判が明確になるのに時間がかかったのは、私は学派選択の自由を大事にしたかったので、他学派の異なる考えを許容しようとしていたのだと、今になって思う。

その疑問が批判へと変わる契機の一つが、エビデンスベイストという考え方だったと思う。認知行動療法が最も治療効果が優れている、だから、西欧では他学派は保険や研究費の点で不利な状況である、という情報が入ってくるようになってきた。私は学派選択の自由が奪われるのを感じた。その上、そのような論調の中でクライエント中心療法が誤解されているらしいことも許せなかった。同じ頃かもしれないが、臨床心理の院生から中核条件について質問されるようになった。神田橋先生のスーパービジョンを離れて数年が経ち、自分の頭で考えることが増え、他学派の「受容・共感」とロジャーズのそれとが違うならば、どう違うかを説明できなければだめだ、と思うようになってきた。

過去の学びからの離れ、今起こっていることへ

ところで、私は修士論文でフォーカシングを取り上げ、博士論文ではエンカウンター・グループを取り上げた。しかし、自分がほかでもない、パーソンセンタード・セラピストらしいと意識し始めたのは、そのためではない。

かつて私は、クライエントのことを過去の心理臨床の学びから理解しようとしていた。学びをベースにして実践を行うのは当然のことである。その中には防衛や転移など精神分析の概念で考えるということや、行動療法やその他学派の方法の選択を考える、ということが含まれていたが、それよりももっと大きなことは、体験過程やフォーカシングの枠組みで考えたり、神田橋先生のスーパービジョンで教わったことから考えたり、ということだった。これら過去の学びは私を確かに支えた。

学びは支えにはなったものの、次第にそれらが私の目の前にいるクライエントとの人間関係を生で体験する上で邪魔になっていると感じるようになった。生身でこちらに向かっているクライエントに対して、私は自分を理論で固め、その安心の中にいるように思えた。そのうちに、それはクライエントとの関係を不公平にさせているだけでなく、関係を生きていないし、面接

効果も下げている、と思うようになった。神田橋先生が転移の分析に懸命になっている分析家のことを「(人間関係を)味わい生きることを飛ばして、(転移・逆転移の)認識に逃げるのは、もったいない」(神田橋、一九八八、四二五頁)と書いておられるが、その文章を何度も思い出していた。フォーカシングにはまり込んでいた頃は、クライエントの表出の中に体験過程が前に進む兆候がないか、それを促す機会はないか、を常に探っていた。それは一面ではフォーカシングのセラピストとしての腕を確かに少しは上げたと思う。しかし、そのうち、兆候を探すのはまだしも、促す機会を考えることは「自分はクライエントを操作しようとしている」と思うようになった。自分が大事にしているつもりだった共感的理解からはだいぶ離れているように思えた。今思うと、昨今、議論になっている古典的クライエント中心療法派からの体験的療法派への批判を私自身に対して感じていたのだった。とりあえず、セッション中だけは知識が邪魔をしないようにと、クライエントの話に集中するようになった。

そうすると、自分の中に知識があることが、クライエントに生で出会っている感触を邪魔していることが感覚的に一層はっきりと感じられるようになり、それを脇に置いてクライエントに対して向かい合うようになって、初めて共感的理解ということが分かるような気がしてきた。また、クライエントの言語での表出だけでなく、非言語での表出も感じ取らないことにはその人は分からない、という感覚が定着するようになった。そうした共感的な姿勢によって、クライエントとの生の関係から感じられてくることは、自分の知識よりもはるかに巨大な体験世界であることを実感するようになった。

反対に、かつて学んだ知識やスーパービジョンで教わった学びによってクライエントを考える自分がいると、クライエントを理解できていない、とも感じるようになった。たとえば、精神分析はクライエントを力動的に理解するための枠組みを豊富に揃えている。読むと面白いし、学んだ気になる。学会などに出ると、そういう知識が色々と自分の中に入ってくるので、学会に出た後は二～三日は、そういう知識が面接の場における自分の邪魔をする。そこで、その対処法も考えた。また、スーパービジョンの学びが邪魔をする、と考えることはスーパーバイザーだった神田橋先生に申し訳ない気もしたが、先生なら分かってくださると思って、自分の考えに沿って歩んできた。

しかし、そのような既存の知識を用いずに理解するというのは、結局のところ、「クライエントのことを私はこう感じた」というだけにすぎない。ということは、それはクライエントのことが自分の中でどのように感じられているか、ということを言語化することだ、ということに気がついた。自分の中で初めて共感的理解と自己一致がつながる出発点になった。現象学的理解、という領域に入ってきていたのだろう。

今の私

現象学的理解の領域に入ってきたことで、クライエントから自分の中に入ってくるものが明らかに増えた。何が入ってくるかというと、敢えて言えば学びだが、学びというにはあまりにも言語になりにくい類の感覚的なものが多い。私の脳のキャパシティが追いつかず、自分に入ってくるものを言語で整理できないので、学びとは言いにくいのである。また、かつて自分を支えた学びが単なる知識としてでなく「ああそうだったのか」と納得できることも増え、かつての学びは邪魔、と思うのではなく、必要な時に自然に出てくるのがよい、と思うようになった。

加えて、クライエントが前を向いて生きていこうとするありように感服するなど、私個人がクライエントから影響を受けるようになった。クライエントの話を聞いていると、自分はどうなのか、との自問がセッション中にチラチラと頭をかすめ、セッション後は私個人を考える刺激になることがある。それは、一人の個人である私が、クライエントを一人の個人として見るようになっていることのように思う。それが無条件の肯定的な姿勢の一部になっていると信じたい。また、ロジャーズの理論には出てこないが、生きることは悲しく辛いことである、とも思うようになった。今、スーパーバイザーを持たない私は、そういうことを感覚的にシェアできる人を欲しいと願うことが増えた。セラピストが必要なのかもしれない。セラピーを求めて来談するクライエントを一層身近に感じるようになった。

さて、自分はＰＣＴのディプロマを与えられるだろうか？　以前の学びや技法に頼らず、目の前のクライエントの世界に入り込もうとして、そこからクライエントと共に考えるという面がセラピーの大きな部分を占めているという意味で、自分はＰＣＴのセラピストだ、という自覚はある。だが、ディプロマを与えるのはまだまだ、と思う。足らないものがある。

一つは、クライエントの世界への共感的入り込みや寄り添いの質である。その点に関して、クライエントやスーパーヴァイジーの中に、私よりもはるかに優れた人を見るし、入り込み方や受容のありようも沢山あることを目にする。まだ自分は入り口に立っているにすぎないと思う。生来の才の違いかもしれないが、まだ私にも伸びる部分はあるかもしれないので、自分の潜在的な可能性に扉をしないように努力したい。もう一つ、これは私が教育する立場にいるからでもあるが、説明する能力である。ヤーロム（Yalom, I. D.）がロジャーズのエレン・ウエストの論文のことを、ロジャーズはあたかも彼女（エレン・ウエスト）の近しい知人であるかのように、自死に至った彼女の内面を生々しく語っているというような紹介をしている（Yalom, 1980）。まさにそうだと思うし、それが精神医学でも他の心理学の理論でもなく、エレン・ウエストの主観的世界から書かれていて、かつ、極めて説得力がある。これはＰＣＴという学派の意義の証明のような論文である。このレベルに少しでも近づきたい。心理臨床を学ぼうとする人たちに通じるように教えるためにも、夫婦や家族などを相手にするセラピーの場合にもこの能力が必要、と思う時がある。

ほかにも多くの課題があるが、これくらいできるようになれば自分としてはディプロマを授与するだろう。ただ、現役の間には無理かも、とも感じている。

●文　献

Gendlin, E. T.（1974）Client-centered and experiential psychotherapy. In D. A. Wexler & L. N. Rice（Eds.）*Innovations in client-centered therapy*. John Wiley & Sons. pp. 211-226.

日本心理研修センター（監修）（二〇一八）『公認心理師現任者講習会テキスト（二〇一八年版）』金剛出版

神田橋條治（一九八八）『発想の航跡（神田橋條治著作集）』岩崎学術出版社

神田橋條治（二〇〇三）「ロジャース・村山・ジェンドリン」村山正治（編）『ロジャーズ学派の現在（現代のエスプリ別冊）』至文堂

Sanders, P.（2006）*The person-centred counselling primer*. PCCS Books.

Yalom, I. D.（1980）Introduction. In C. R. Rogers. *A way of being*. Houghton Mifflin.

山上敏子（一九九〇）『行動療法』岩崎学術出版社

私のパーソンセンタード・アプローチの未来像を求めて

村山正治

現代に生活している私は、大転換期に生きていると感じています。このことは、毎日の新聞、テレビを見ていれば実感できます。世界の至るところで、紛争が起こっています。パーソンセンタード・アプローチ（以下ＰＣＡ）は何かできるのでしょうか？

一九〇二年に誕生した天才ロジャースは、一九四二年に発表したCounseling and psychotherapy（邦題『カウンセリングと心理療法』）で精神医学からカウンセリングを解放し、心理カウンセラーという専門領域が新たに誕生しました。原理的には、カウンセリングの目的を当時の問題解決つまり適応志向から自己実現志向へと転換させました。画期的なことでした。

一九六〇年代からの世界的なパラダイムシフトの時期に、ロジャースはエンカウンターグループに着目して、紛争解決のツールとして活用し、一九八七年のノーベル平和賞の候補の一人に指名されました。

現代世界の時代精神は「対話」であると私は認識しています。そこで本論では、おもに大学院生の指導体験やフィンランドでの体験などを手掛かりとしつつ、私のなかのこれまでのPCA活動を整理して、私自身の新しい取り組みの方向を探索してみようと思います。

今回「PCAと私の関係」を考える機会を与えていただいた編者に心から感謝しています。

私がPCAを学んだ経緯

私は一九五四年から京都大学教育学部でロジャースの思想を学ぶ機会に恵まれました。以後、ビンスワンガーの現存在分析の読書などの遍歴を経て、ロジャースに収斂してきています。今日では私の中では、PCAは心理療法の一方法ではなく、私の人生において「ロジャースを生きる」といっていいほど、私の思想の中核にロジャースが座っている感じがしています。

しかし、それだけに私のPCAを生きる部分のどこを取りあげたらいいのか迷いました。まずは、私の職業人生、つまり、セラピスト、ファシリテイター、大学院教員のうち最も長い大学院教員生活から学んだことから書いてみることにします。着任するまでの間に辿った経緯を、左記に並べます。

一　京都大学教育学部で正木正先生・高瀬常男先生・畠瀬稔先生からPCAの理論と実践を学びました。

二　同大学院でPCA仮説に基づいた臨床体験、特に登校拒否中学生の面接、訪問面接を通じてカウンセラーになる決心ができました。クライエントさんたちからいただいた贈り物です。カウンセリングを実践する上でPCA仮説の威力と魅力を感じました。

三　ロジャースのCSP（一九七二〜一九七三）に留学しました。ロジャースとその仲間たちからエンカウンターグループの体験と理論を学びました。当時、ラホイヤプログラムと呼ばれていたエンカウンターグループファシリテイター養成訓練に一九七二年、一九七三年と一回三週間の合宿訓練に合計三回参加しました。週一回の研究所で行われるスタッフミーティングなどを通じてロジャースの生き方からたくさん学びました。

私の院生指導の原則——自己実現モデル

帰国して、翌年の一九七四年から、私は九州大学教育学部カウンセリング講座助教授として院生の指導に当たることになりました。たいへん恵まれた環境でした。その後私は、九州大学、久留米大学、東亜大学、九州産業大学の順に、四つの大学院で助教授・教授として院生指導にあたってきています。正確には調べていませんが、村山ゼミからはおよそ百名以上の大学院博士前期課程（修士課程を含む）、およそ五〇名以上の大学院博士後期課程（博士課程を含む）の院生が巣立っています。

五〇年近い院生指導の体験から私の中で育ってきた仮説を自己実現モデルと呼んでいます。臨床心理学の世界では、臨床心理士養成大学院のカリキュラムは科学者養成中心の scientist-professional モデルと、心理臨床の実践が中心の professional-scientist モデルがあります。最近合格者を認定した「公認心理師」は前者のモデル、私も有資格者である「臨床心理士」は後者のモデルです。私は、臨床心理士資格の認定が検討されはじめた当時の日本心理臨床学会常任理事、カリキュラム委員会委員長としてこのモデルを提案し、実習と事例検討、事例研究を重要視しました（村山、二〇〇五）。

カリキュラムというのは、社会基準目線で授業内容・科目を決定する重要な規定です。その職業に課せられる社会的な要望とニーズから見て妥当な科目を設定するものです。両者に共通していることは、院生個人の多様性や当事者性に注目するのではなく、資格設定の社会基準を示すもので、社会的重要性が強調されます。

日本の学校教育がカリキュラムで生徒を縛ることは正解がある世界には強いですが、臨床心理学のように人間の複雑性を扱う学問や実践には適しているとは思えない部分もあります。社会の期待と要請を背負い込まされて、柔軟性と自発性を欠く結果を招きやすい傾向があると感じています。日本の児童・生徒・学生が重いランドセルや、大きな鞄を背負って歩いている姿はかつて背中に薪木を背負って前屈みに歩く二宮金次郎をほうふつとさせます。前を向いて、重そうに登校する姿に象徴されている。一方、後のほうで述べるフィンランドなどでは、小学生はカリキュラムがなく、教師と児童生徒で決めています。それでいて、国際学力調査ではいつも世界のトップクラスを維持しています。どこか日本の教育はおかしいです。

そこで私は、先述した二つのモデルの前提を踏まえながらも、院生一人ひとりの独自性・人間性を大切にしながらの指導体制を作るようになりました。これが自己実現モデルです。私は第三の道として、この自己実現モデルを提唱しています（村山監修、二〇一五）。

自己実現モデルによる指導の原則

まず、私の姿勢についてです。

一　ナンバーワンよりオンリーワンを尊重する。競争よりも共創で行きたい。

二　院生たちが迷いながら各自の進路、研究テーマを探していくプロセスを信頼して待っていられるか。そのために私は、院生の持っている人間としての特徴・特技を探すことにエネルギーを使うようにしている。

三　院生の成長過程は個人差が大きい。

四　専攻主任として。修士論文は、理論、事例、リサーチなど、どの方法でも有りとする。本人の問題意識を重視する。したがって、一部の大学院が実行しているように、修士論文では事例研究は認めないということはしない。

次に、私の研究指導の原則です。

一　はじめに方法ありきでなく、関心、やってみたいこと、課題ありき。方法論より問題意識、関心、やってみたいことを探し、尊重する。

二　院生自身の研究の鉱脈探し、各院生の心の声に注目するように支援する。フォーカシング的対応が役に立つ。

三　臨床経験と研究をできるだけ乖離させないようにする。創造性が生み出される可能性が高いため。

四　研究という言葉へのとらわれを解くこと。院生たちが、「研究」という言葉、目的、方法、結果、考察といったパターンにとらわれ縛られていることから解放し、自分が何を研究したいのか感じ取れるように対話する。院生が自分に耳を傾けることを丁寧に支援する。

さいごに、研究環境の整備のしかたを列挙します。

一　多様性を尊重する雰囲気・土壌・風土を培う。
二　自由に意見を表明できる安全な雰囲気を醸成する。
三　ゼミ、ゼミ合宿、研究会の開催と発表を促進する。
四　院生は相互に研究援助資源としてお互いを利用する、活用することを奨励する。
五　他研究室の院生相互の交流・接触を図る。
六　ゲストスピーカーの招待、新刊本・論文の紹介などを実施する。

研究環境整備がうまくいくと、素晴らしいことが起こる例を挙げておきます。私は九州産業大学に臨床心理士養成大学院を設立し、院生教育に五年間携わってきました。この間私は、充実した教員人生を送ることができました。

木村忠夫学部長の太っ腹と才覚から、人事・カリキュラム編成・臨床心理センター創設を一任されたのです。このおかげで私は自分のイメージする理念に沿って動くことができました。

私とは学問的に遠く、ＰＣＡに批判的な方もいらっしゃるなか、優れた業績、見識のある方を一本釣りして、幸運なことに峰松修教授、窪田由紀教授、ミネソタに留学中だった村山ゼミ出身の平井達也講師、九大研究生の森川友子講師、伊藤弥生講師に来ていただくことができました。院生たちの研究整備には、私はまず教員人事が第一優先と考えています。しかも公募はしません。その理由は、公募に付きまとう形式主義（学位の有無、学閥優先など）や短時間面接での人物の評価の難しさなどを避けるためです。

九州産業大学にいたとき、ある教授が修論・博論の公聴会で村山ゼミの院生たちの研究発表を聞いて、あとで訪ねてこられました。半ば呆れ気味で「村山先生は関心が広いですね。あれだけ多様なテーマの院生をどう育てるのですか」ときかれました。「そうではなく、院生たちの関心あるテーマを彼らが選んでいるだけです」とお答えしたら、不思議そうな顔をされました。信じられないといった感じでした。実際この年は、四人の博士課程三年生が博士論文を提出したのです。学会誌一本の条件を皆クリアしたのです。私も驚きました。五年間の任期を終了して、私が九州産業大学を去る年の素晴らしい贈り物でした。

私のモデルは、新学部を創るときや、私の哲学と異なる批判を受けながらも協力的な研究環境を創れたときに、成功しているといえましょう。

ロジャース没後のＰＣＡ、または新しいパラダイムの探索

私がロジャースを尊敬している理由のひとつは絶えず社会・人類が進んでいく方向やその時代精神、その実現の妨げとなる要因を探索し、その中でロジャース自身が得意な方法で実践に移すという手法です。国家間、宗教間、民族間などあらゆる領域に起こっている紛争にエンカウンター・グループをツールにしてその緩和に努力してきたことでした。結果として一九八七年にノーベル平和賞の候補になりました。先見の明豊かなロジャース自身は、ＰＣＡの将来をどう見ていたのでしょうか。

私は二つの論文に注目しています。私にとって印象に残っている最晩年のロジャースの言葉を二つあげておきます。

「私（ロジャース）は来談者中心のありかたを見つけようと願ったのではない。私は人びとを援助する方法を見つけたかったのである」（ロジャーズ／畠瀬直子訳『静かなる革命』xii頁）

これはユージン・Ｔ・ジェンドリンの序文にあるロジャースの言葉で、ジェンドリンが『アメリカンサイコロジスト』誌に書いたロジャースの追悼文です。この文章は、私は大好きで、何度も自分に読み聞かせています。ロジャースのＰＣＡについて、ロジャース個人について、

手短でＰＣＡ理論、ロジャースの人柄を簡にして要を得た読み物としてこの序文を推奨したいです。ロジャースとジェンドリンを理解し、その相異もわかる重要な論文と考えています。

一九七〇年代に、ＰＣＡの流派は純粋ＰＣＡ派と発展的実践派とに分かれ、激論が生じていました。ジェンドリンは発展的実践派に賛成していましたが、ロジャースはこの問題について上記のように語ったと書いています。

臨床経験を重視し臨床経験から学んだ事実から絶えず自分の理論を創造し修正しているロジャースにすれば、当然の帰結でしょう。「閉ざされた信念の体系とか不変の原理などない」と主張して、それを生きて実践しているロジャースに感動します。

ロジャースのこの言葉を、私なりに解釈してみます。

一　激動の社会に生きる私たちに、ロジャースの開いてきたＰＣＡ仮説や哲学を使いながら、新しい課題に挑戦することを呼びかけている気がします。この論文の結びの言葉は“Dare We Do ?”でした。この言葉は私には「挑戦してみませんか」と響いてきました（ロジャーズ／畠瀬訳、二〇〇一）。

二　欧米や日本でも、ともすると、既成のロジャースの原理や概念を墨守する傾向がないことはないことへの警告とも受け取れます。

三　もともと、一九五九年の有名な「人格変化の必要十分条件」論文は、ＰＣＡでなくすべての心理療法に通用する有効な仮説として設定されていました。ここもすでに心理療法流派に共通したコモンファクターへの問いかけがあります。ＰＣＡの訓練センターを作らなかったロジャースの見識です。

最高の治療学派は一つしかない

もう一つの、ロジャース最晩年の印象深い言葉です。

私は一九八五年、文部科学省在外研究員で英国のサセックス大学と米国のＵＣＬＡに滞在していました。成瀬悟策先生から、「エリクソン財団がアリゾナ州フェニックスで、二一世紀の心理療法の発展大会と称して、二七名の世界的に著名な心理療法家を招待した大会を開催するので参加しないか」とお誘いをいただきました。ロジャースもその一人で招かれていました。各自が講演、デモンストレイションをしてみせました。私は何度も見ているロジャースのデモは見ないで、別のところに移動しました。

私にとって抜群に面白かったのは、その前日のロジャースの基調講演「ロジャース、コフート、エリクソン：ロジャースからみた相似点と相違点の考察」でした。エリクソン、コフート、ロジャースの理論やセラピスト論を比較検討していました。ロジャースはエリクソンとの共通点を述べ、コフートとは共感論でも一致していないことを強調しました。また、ロジャースの立場には、科学論がある点にエリクソンやコフートと異なることも強調しました。

その中でロジャースは、次のように語りました。

「セラピィにとって、最高の治療学派は一つしかありません。それは、関係のなかで自分のあり方がどんな影響を与えているかを批評眼を持って検討し続けながら、あなた自身があなた自身のために発展させたものなのです」（ロジャーズ／村山正治訳『二一世紀の心理療法 Ⅰ』三二五頁）

この一文は、エリクソンの柔軟な事例への対応に共感して述べられています。初心者のセラピストたちが理論、学派、方法にこだわりすぎる傾向に対する助言です。それと同時に私には、ロジャースが学派でなく共通要因志向をめざしていた方向がうかがえます。

ここにすでに、ロジャースは流派を超えた一人学派を提案しています。私は日本では流派でなく「PCAネットワーク」を組むことは必要であると感じています。ここ十年来、数カ所からPCA協会や学会創設のお誘いをいただいていて、有難いことです。しかし私の気持ちが動きません。飯長喜一郎さんのように、学会で自主シンポを辛抱強く開催し継続することからネットワークができ、何か新しいことが生まれてくる気がします。学校、実験プロジェクトスタイルが向いている気がしています。

ここで、私どもの小さな試みを紹介します。「ドリームプロジェクト」と呼んでいます。メンバーはクローズドです。エンカウンターグループのファシリテイターたちです。ワークショップでなく、私たちスタッフのための会だからです。会の目的は「理解」で、各人が自分の来年度の仕事上の夢を語ります。「語る会」であり、「研究発表の会」ではありません。

会場は由布院のある温泉宿を貸し切りです。ここからさまざまなアイデアが生まれ、研修を兼ねた、海外旅行の企画もしばしば生まれます。二〇一六年に生まれたアイデアが、次に述べるフィンランド研究旅行でした。もちろん、費用はそれぞれ個人が調達です。

私は先述したように、大学院で多数の院生を預かって世に送り出しました。ありがたいことに、ここ十数年の教員生活は、私が昔の院生たちに育てられているのが現状です。少なくとも院生たちとの共創を楽しんでいます。これは思わぬ晩年の楽しみであり、ＰＣＡを軸にした活動の結果と思っています。八五歳でもまだ現役教授を務めています。

フィンランドでの、ＰＣＡとオープンダイアローグとの対話

二〇一七年八月一一日から若い仲間に連れて行ってもらった八日間のフィンランド研修は、私にはオープンダイアローグ（以下ＯＤ）を媒介としてＰＣＡとの対話を深めたという奇妙な

結果となりました。哲学者で生物学者である福岡伸一が指摘するエッジエフェクト効果とも呼んでいるくらいの目からウロコ体験でした。

【研修日程】（高松・他、二〇一八）

八月一三日：アンティシペーションダイアローグ（以下ＡＤ）ワークショップ（Tom. E. Arnkil氏）

八月一五日：ロヴァニエミ市のＡＤ実践および養成講座参加者との対話（Jukka, A. Hakola氏とロヴァニエミ市のファシリテイターおよびトレイニー）

八月一六日：ＳＯＴＥ改革（医療と福祉の統合）ミーティングの視察

八月一七日：ケロプダス病院でＯＤの講習

ＯＤを生きた五日間の体験は、私の心になぜかくも大きなインパクトを与えたのでしょうか。いくつか浮かんできたことをあげておきます。

一　私には、研修を受けたという受け身な体験ではなく、全期間、彼らの提唱するＯＤの哲学に裏打ちされた態度に包まれていたといえよう。私の全身でそれを感じた研修だったからであると感じている。

二　ODはセイックラ氏らの厳しい臨床体験から独自に生み出されてきたことに敬意を表したい。しかし、内容的には、ロジャースが数段早い時期に論文に表現していることも目につき、親近感を感じていた。

三　研修のどのセッションでも、研修者側と受講者側が対等で、対話が行われていた。

四　自分のペースで参加できた。

五　共創モデル。行政あるいは、政治の問題にAD方式で改革に挑戦するたくましさに舌を巻いた。「医療と福祉の統合」などという、私のような日本人から見たらとてつもなく大きな、かつ難しい課題に取り組む姿勢には感動した。ラップランド地方にあるロヴァニエミ市のように小さな地方自治体ですら、見ていてその困難さがひしひしと伝わってきた。さすがに難しいテーマだけのことはあったが、それでも我々にあるがままを見せるオープンな態度が素晴らしかった。

六　日本の文化では、考えられない試みである。日本でも、①官庁が識者を集め、②原案を作成し、③公聴会で民意を問うパターンがある。①の初期段階から民意を問わないことから成功率が低い。ODでは初期から患者さんと専門家が一堂に会してともにつくっていく共創である。私が見ていた印象だが、難しい展開であり、「ADによる改革法」のスキルを学習したのでなく、現実の場面を見せてくれた彼らの勇気に元気づけられた感じがした。

新しいパラダイム論としてみたPCAとオープンダイアローグとの接点

私は大学教員としても、心理臨床家としても、PCAモデルに親しんできて五〇年になりますが、一方、ODの理解は本稿のさいごのリストに挙げた文献と斎藤環さんの講演とか関係する人たちの翻訳文献を読んで、いま深めている最中です。ここではPCAの視点からみたODとの共通点として、パラダイム論からみて、今の私に見えている七つの重要な点を指摘しておきます。理論が十分でないことは承知しています。

一　不確実性に耐えること。私はこの思想が、ODの七つの原則（①即時対応、②社会的ネットワークの視点を持つ、③柔軟性と機動性、④責任を持つ、⑤心理的連続性、⑥不確実性に耐える、⑦対話主義）の臨床哲学の最重要なコンセプトと考えている。現代社会で生きていくうえで、解決志向でない論点がPCAと共通している。しかし、ロジャースは一九六一年にすでに「私が自分自身や他人の現実に開かれていればいるほど、事を急いで『処理』しようとしなくなってきている」（ロジャーズ／伊東博・村山正治監訳『ロジャーズ選集　上』

二五頁）と書いている。フィンランドでのＯＤの研修で、改めてその重要性を再確認できた。

二　当事者モデル。カンファレンスはじめ、専門家とクライエントの援助過程における決定は「すべてクライエントの在席の場で行われる」というＯＤの画期的行為は、クライエントの生きる権利を保障したともいえるが、人間論的視点からはクライエントの治癒力の信頼、当事者のクライエントの知恵を信頼するＰＣＡの人間観と通底している。

三　コモンファクターの時代へ。心理療法の共通効果要因が明らかになりつつある時代が来ている。ＰＣＡでは傾聴を大事にしてきているが、ＯＤでも「聞いてもらったこと」が大きな治療要因であることが強調されていた。

四　心理療法ということでは、セラピストとクライエントの共創の視点に着目すると、ロジャースの視点とは別角度から現実に解明のメスを入れているトム・アーンキルさんの論は、注目すべき新しい視点である。

五　問題解決志向でなく、プロセス志向であること。これはデカルト―ニュートンパラダイムの因果論では解けない複雑系の科学論の視点から論じていく必要を感じている。

六　社会改革志向。アーンキルさんの論に注目したい。『オープンダイアローグ』のエピローグは二一世紀のパラダイム論の一つとして注目したい重要なコンセプトであり、ロジャースもすでに一九七七年に『人間の潜在力』「第一章　援助専門職の政治」で論じている。これから十分、両者を比較検討したい。

七　バフチンの多声論なども二一世紀の大事な人間論として注目したい。エンカウンターグループの人間論との比較検討が面白そうである。

おわりに

ＰＣＡとＯＤの共通点を私なりに拾いだし、二一世紀の方向を示すパラダイム論の探索を試みました。私の感触としては、今後、十分な可能性を感じています。さらに丁寧に検討をしていきたいです。

●文　献

村山正治（二〇〇五）『ロジャースをめぐって：臨床を生きる発想と方法』金剛出版

村山正治・中田行重（編著）（二〇一二）『新しい事例検討法ＰＣＡＧＩＰ入門：パーソン・センタード・アプローチの視点から』創元社

村山正治（二〇一五）日本におけるＰＣＡの発展とこれからの挑戦　本山智敬・坂中正義・三國牧子（編著）・村山正治（監修）『ロジャーズの中核三条件：一致』創元社、一二五〜一三〇頁

村山正治（監修）井出智博・吉川麻衣子（編著）（二〇一五）『心理臨床の学び方：鉱脈を探す、体験を深める』創元社

永野浩二・村山尚子・村久保雅孝・村山正治・本山智敬（二〇一七）対話の可能性を私たちはどう感じたか：AD／OD研修会の報告『追手門学院大学　心の相談室紀要』一四号、二一～四〇頁
ロジャーズ・C・R／畠瀬稔・畠瀬直子（訳）（一九八〇）『人間の潜在力：個人尊重のアプローチ』創元社
ロジャーズ・C・R／村山正治（訳）（一九八九）ロジャース、コフート、エリクソン：ロジャースからみた相似点と相違点の考察　ゼイク・J・K／成瀬悟策（監訳）『二一世紀の心理療法I』誠信書房、三〇三～三二〇頁
ロジャーズ・C・R／村山正治（訳）（二〇〇一）私を語る　カーシェンバウム・H、ヘンダーソン・V・L／伊東博・村山正治（監訳）『ロジャーズ選集：カウンセラーなら一度は読んでおきたい厳選三三論文　上巻』誠信書房、二五頁
ロジャーズ・C・R／畠瀬直子（訳）（二〇〇一）援助専門職の新しい挑戦課題　カーシェンバウム・H、ヘンダーソン・V・L／伊東博・村山正治（監訳）『ロジャーズ選集：カウンセラーなら一度は読んでおきたい厳選三三論文　下巻』誠信書房、一二九～一四九頁
ロジャーズ・C・R、ラッセル・D・E／畠瀬直子（訳）（二〇〇六）『カール・ロジャーズ　静かなる革命』誠信書房
ロジャーズ・C・R／末武康弘・保坂亨・諸富祥彦（共訳）（二〇〇五）『カウンセリングと心理療法：実践のための新しい概念（ロジャーズ主要著作集一巻）』岩崎学術出版社
高松里・井内かおる・本山智敬・村久保雅孝・村山正治（二〇一八）オープンダイアローグが拓く風景：二〇一七年フィンランド・ケロプダス病院研修から学んだこと『九州大学学生相談紀要・報告書』六五～八一頁

●オープンダイアローグの文献リスト

斉藤環（二〇一八）オープンダイアローグの展開：開かれた対話とは　日本人間性心理学会第三七回大会講演資料

セイックラ・J、アーンキル・T・E／高木俊介・岡田愛（訳）（二〇一六）『オープンダイアローグ』日本評論社

下平美智代（二〇一七）オープンダイアローグの歴史的背景と考え方、そして日本での実践可能性　『精神療法』四三巻、三三二〜三三八頁

あとがき

本書についての特徴を一言で表すなら、パーソンセンタード・アプローチ（以下、ＰＣＡと記します）についての万華鏡のような本と言えるでしょう。万華鏡は、そのなかに入っている素材は同じものなのに、ちょっとした動かし方や光の当て方などで、さまざまに異なった様相の像を、大仰に言えば小宇宙のようなものをそこに見せてくれます。そして、ユニークで異なる像を色々と呈示してくれながら、一方で、ひとつの万華鏡で見られる多様の像には、その万華鏡ならではの共通の特性も含まれているように思います。

「まえがき」に書かれているとおり、本書では一五人の執筆者がＰＣＡをめぐって、今、自分が書きたいことを中心に書いています。例えば、ＰＣＡやその近接領域とどう自分が出会い、それを自分の心理臨床実践などのバックボーンとしていったか、あるいは、そのことのどういう点が難しかったか、難しいと感じた点についてどのような取り組みを重ねてきたか、また、ＰＣＡを土台にしつつ、そこから新たな方向へとどんなふうに歩みを進めてきたか、今、居るところから見て、ＰＣＡとはどんな意味を持つものなのか、はたまた、ＰＣＡについて世の人々に心底、伝えたいことは何か、特に、これから心理臨床を学ぼうとしている人や、その学びや実践の途上で仮にゆき暮れているような人がいたならば、そういう人に向かって言いたいことはどんなことだろうか、などなど。

内容もさることながら、その語り口も各人各様です。書名『私とパーソンセンタード・アプローチ』とあるように、執筆者ひとりひとりの「わたし」性が色濃く出ている本書は、いわゆるテキストでもなければ概説書でもない。また学術的専門書でもなければ、エッセイ集というわけでもない。その自由さを、それこそ自由に面白がって読んでいただければ本望です。また、本書が、読んでくださる方おひとりおひとりの、「わたし」性を励ましたり賦活できたりしたら、望外の喜びと感じます。

それに加えて、今、述べた、執筆者の「わたし」性は、あくまでもクライエントや利用者の方々にとって役立つようにと活用されている点についても、さらにはＰＣＡが「より良い社会」を志向するものでもあり、社会にしっかりと開かれている点についても、是非、おさえていただけたらと願います。

何故そんなことを殊更述べるかというと、実は、以下のような会話を最近あるとき、某所で小耳にはさんだことが大きく影響しています。

「〇〇の試験勉強のためには、ＰＣＡには特に力を入れなくていい。だって、その試験に向けてのあるテキストには、ＰＣＡのことはほとんど触れられていないから」「ＰＣＡはもう古いし、ロジャーズの、必要にして十分な三条件だけ暗記しておけば楽勝だと思う。何か出題されるとしたら、そこからに決まっている……」。

びっくりしましたが、同時に「なんと正直な人たちだろう」とも感じました。効率の良い学習で手っ取り早い楽勝を目指すなら、そして余裕のない状況で学ばないといけないときなどは、そういった効率最優先が致し方ない場合もひょっとしたらあるのかもしれません。けれども、言わずもがなですが、それだけではモノになりません。

人が人と関わり合うときに、最低限、心しないといけないことは何だろうか。また、専門家として知識を身につけ腕を磨く過程において、留意しないと無自覚のままはまりこんでしまいかねない「専門家もどき」の落とし穴や「えせ権威性」の罠、それにはまらないためにはどんなことが必要なのか。そもそも自分はどんな人間観を持っているのだろうか。そしてその人間観は仕事にいかにプラスに、もしくはマイナスに働くのだろうか。倫理感覚を我がものとし、それにもとづいて適切に判断、行動できるようになるにはどうしたらよいのか。

上記のようなことを真摯に検討し、つかみとっていくうえで、ＰＣＡが唯一絶対であると主張する気はありません。が、ＰＣＡの学びは、上記のようなことを自分なりの地歩で身につけていくのをしっかりと下支えしてくれるというか、いや、そこから目をそらすことを決して許してはくれません。その意味において、今後、心理援助職者がますます多数、生まれていくだろうわが国において、ＰＣＡの存在意義や必要性は――近視眼的には、一方的に減るのではないかと思われるかもしれませんが――むしろ大きくなるのではないか、と感じています。

末尾に謝辞を記します。まず、共編者の飯長喜一郎氏には、私は大学院生の時から長年にわたりお世話になってきていますが、特にこの数年間、飯長氏が心理臨床学会でＰＣＡを主題とした自主シンポジウムを継続的に開いてくださっていることに、改めて感謝申し上げます。「継続は力なり」の言葉通り、毎回、色々な方々が会場にいらしてくださり、そこで自由に意見交換をできること、また比較的若い方々も多く参加してくださることなどを嬉しく思っています。ＰＣＡを大切にしていこう、再考しようという機運を高めてこられた立役者である飯長氏と共編者になるというのは、あまりにおこがましい話なのですが、このような機会をいただけたことを素直にありがたく思っております。

また、お忙しいなか、ご寄稿くださった執筆者の皆さま方にも心より御礼申し上げます。早々とご寄稿くださった方々も多くおられるなかで、自分の不手際などが足を大きく引っ張り、当初の予定より完成を遅らせてしまい、申し訳ありませんでした。刊行までのプロセスを粘り強く同行してくださった執筆者の方々に、お詫びとともに深く感謝申し上げます。

　そして、本書の編集者である森光佑有氏にも、お伝えしたいのはお礼の思いしかありません。上記の心理臨床学会での自主シンポジウムに、森光氏は何度も足をお運びいただき、声をかけてくださったことが本書へとつながっていきました。氏の一貫して、緻密かつ丁寧な仕事ぶりに支えられて、本書はうぶ声をあげることができました。氏は文字通り、ＰＣＡを体現されている編集者だと思います。ご一緒に仕事させていただけたこと、本当にありがとうございました。

　このあとがきの冒頭に、万華鏡のことを引き合いに出しましたが、本書について別の表現をするならば、ＰＣＡの変奏曲とも協奏曲とも言える気がします。読んでくださる方に、本書はどのように響くのでしょうか。感想や疑問など、お聞かせいただけたら幸いです。

二〇一九年　五月

園田雅代

無藤清子（むとう　きよこ）
東京女子大学文理学部卒業。東京大学大学院教育学研究科博士課程修了。臨床心理士。東京大学学生相談所カウンセラー、成蹊大学教員、東京女子大学教員などを経て、現在は東京女子大学名誉教授、訪問看護ステーションしもきたざわ臨床心理士。著書は『全訂 ロジャーズ：クライエント中心療法の現在』（分担執筆・日本評論社）、『支援者支援の理解と実践』（分担執筆・金子書房）、『保健・医療分野に生かす個と家族を支える心理臨床』（分担執筆・金子書房）など。

岡村達也（おかむら　たつや）
東京大学文学部、教育学部卒業。東京大学大学院教育学研究科第1種博士課程中退。東京都立大学学生相談室助手、専修大学文学部助教授を経て、現在は文教大学人間科学部心理学科教授。著書は『カウンセリングの条件』（日本評論社）、『カウンセリングを学ぶ　第２版』（共著・東京大学出版会）、『カウンセリングのエチュード』（共著・遠見書房）、『傾聴の心理学』（共著・創元社）、『臨床心理学概論』（共編著・遠見書房）など。

本山智敬（もとやま　とものり）
九州大学教育学部卒業。九州大学大学院人間環境学府博士後期課程単位取得後中退。臨床心理士、公認心理師。西南学院大学学生相談室常勤カウンセラーなどを経て、現在は福岡大学人文学部准教授。著書は『ロジャーズの中核三条件』（共編著・創元社）、『The Person-Centered Approach in Japan』（共著・PCCS Books）、『心理臨床のフロンティア』（共編著・創元社）、『「自分らしさ」を認めるPCAグループ入門』（分担執筆・創元社）など。

中田行重（なかた　ゆきしげ）
九州大学教育学部卒業。九州大学大学院教育学研究科博士後期課程修了。博士（学術）。臨床心理士、公認心理師。九州大学助手、下関市立大学助教授、東亜大学助教授などを経て、現在は関西大学臨床心理専門職大学院教授。著書は『問題意識性を目標とするファシリテーション』（関西大学出版会）、『The Person-Centered Approach in Japan』（共著・PCCS Books）、『新しい事例検討法　PCAGIP入門』（共編著・創元社）など。

村山正治（むらやま　しょうじ）
京都大学教育学部卒業。京都大学大学院教育学研究科博士課程修了。教育学博士（京都大学）。臨床心理士。九州大学、久留米大学、東亜大学、九州産業大学で教授職を歴任し、現在は九州大学名誉教授、東亜大学大学院総合学術研究科教授・専攻主任。著書は『ロジャースをめぐって』（金剛出版）、『エンカウンターグループとコミュニテイ』（ナカニシヤ出版）、『クライエント中心療法と体験過程療法』（共編著・ナカニシヤ出版）など。

大澤美枝子（おおさわ　みえこ）
大分大学教育学部卒業。米国・カンザス大学大学院教育心理学修士課程修了。国際フォーカシング研究所コーディネーター。立教大学ミッチェル館カウンセラー、成城大学カウンセラーを経て、現在はフォーカシング・プロジェクト代表。訳書は『やさしいフォーカシング』（共訳・コスモスライブラリー）、『すべてあるがままに』（訳・コスモスライブラリー）、『臨床現場のフォーカシング』（共訳・金剛出版）など。

吉原　啓（よしわら　けい）
早稲田大学人間科学部卒業。英国・イーストアングリア大学大学院修士課程修了。MA by Research. 臨床心理士、公認心理師、国際フォーカシング研究所認定フォーカシング・トレーナー。日本スポーツ心理学会認定スポーツメンタルトレーニング指導士。公立教育相談機関、公立小中学校スクールカウンセラーなどを経て、現在は麗澤大学学生相談室副室長・専任カウンセラー。日本女子大学非常勤講師を兼任。

三國牧子（みくに　まきこ）
玉川大学教育学部卒業。英国・イーストアングリア大学大学院博士課程修了。Ph.D. 臨床心理士、公認心理師。幼稚園やインターナショナルスクール国語科教諭などを経て、現在は九州産業大学人間科学部臨床心理学科准教授。著書は『ロジャーズの中核三条件』（共編著・創元社）、『The Person-Centered Approach in Japan』（共著・PCCS Books）、『人間性心理学ハンドブック』（分担執筆・創元社）、『子育て支援カウンセリング』（分担執筆・図書文化社）など。

小野京子（おの　きょうこ）
日本女子大学文学部卒業。日本女子大学大学院家政学部児童学専攻修士課程修了。米国・カリフォルニア州立ソノマ大学大学院心理学部修士課程修了。国際表現アートセラピー学会認定表現アートセラピスト、臨床心理士。立正大学非常勤講師、神奈川大学大学院非常勤講師を経て、現在は日本女子大学特任教授。著書は『表現アートセラピー入門』（誠信書房）、『癒しと成長の表現アートセラピー』（岩崎学術出版社）など。

園田雅代（そのだ　まさよ）**編者**
東京大学教育学部卒業。東京大学大学院教育学研究科教育心理学専攻修士課程修了。臨床心理士、公認心理師。玉川大学文学部助手、講師、助教授、創価大学准教授などを経て、現在は創価大学大学院臨床心理専修課程教授、創価大学心理教育相談室室長。著書は『「私を怒らせる人」がいなくなる本』（青春出版社）、『イヤな気持ちにならずに話す・聞く　アサーション』（合同出版）、『教師のためのアサーション』（共編著・金子書房）など。

執筆者紹介（収載順）

飯長喜一郎（いいなが　きいちろう）　**編者**
東京大学教育学部卒業。東京大学大学大学院教育学研究科博士課程単位取得満期退学。臨床心理士。お茶の水女子大学家政学部教授、日本女子大学人間社会学部教授などを経て、現在は国際医療福祉大学大学院医療福祉学研究科臨床心理学専攻特任教授。著訳書は『実践カウンセリング初歩』（垣内出版）、『新版　ロジャーズ　クライエント中心療法』（共編著・有斐閣）、『人間としての心理治療者』（訳・有斐閣）など。

小林孝雄（こばやし　たかお）
東京大学文学部卒業。東京大学大学院教育学研究科修士課程修了。臨床心理士、公認心理師。東京大学学生相談所助手などを経て、現在は文教大学人間科学部心理学科教授。著訳書は『ロジャーズ辞典』（共訳・金剛出版），『カウンセリングのエチュード』（共著・遠見書房）、『カウンセリング実践ハンドブック』（分担執筆・丸善出版）、『がん患者のこころに寄り添うために』（分担執筆・真興交易医書出版部）など。

坂中正義（さかなか　まさよし）
埼玉大学教育学部卒業。九州大学大学院教育学研究科博士後期課程退学。博士（心理学・九州大学）。臨床心理士、公認心理師。福岡教育大学教育学部助手から教授を経て、現在は南山大学人文学部心理人間学科教授。著書は『ベーシック・エンカウンター・グループにおけるロジャーズの中核３条件の検討』（風間書房）、『傾聴の心理学』（編著・創元社）、『ロジャーズの中核三条件』（共編著・創元社）、『臨床心理学概論』（分担執筆・遠見書房）など。

伊藤研一（いとう　けんいち）
東京大学教育学部卒業。東京大学大学院教育学研究科博士課程単位取得修了。臨床心理士。大正大学文学部助教授、同大学人間学部教授、文教大学人間科学部教授などを経て、現在は学習院大学文学部教授。著書は『フォーカシングの原点と臨床的展開』（共著・岩崎学術出版社）、『治療者にとってのフォーカシング』（編著・至文堂）、『遊戯療法』（共著・福村出版）、『心理臨床への道しるべ』（編著・八千代出版）など。

堀尾直美（ほりお　なおみ）
日本女子大学家政学部、文学部卒業。日本女子大学大学院文学研究科博士課程前期修了。臨床心理士、公認心理師、国際フォーカシング研究所コーディネーター。大学学生相談室カウンセラー、㈱日本・精神技術研究所フォーカシング・トレーナーなどを経て、現在はフォーカシング・ネットワーク代表トレーナー。桜美林大学大学院非常勤講師を兼任。著書は『フォーカシングはみんなのもの』（共編著・創元社）など。

新曜社
私とパーソンセンタード・アプローチ

初版第１刷発行　2019年６月15日

編著者　飯長喜一郎・園田雅代
発行者　塩浦　暲
発行所　株式会社　新曜社
〒101-0051　東京都千代田区神田神保町3-9
電話(03)3264-4973(代)・FAX(03)3239-2958
E-mail：info@shin-yo-sha.co.jp
URL：https://www.shin-yo-sha.co.jp/
印　刷　星野精版印刷
製　本　積信堂

 ISBN978-4-7885-1638-0 C3011